三つの山口組

「見えない抗争」のメカニズム

藤原 良

太田出版

はじめに

国内最大クラスの指定暴力団・六代目山口組の分裂（2015年8月）から約1年以内で、六代目山口組から離脱した新団体・神戸山口組と六代目山口組の対立抗争として警視庁が扱った2つの山口組に関わる暴力団事件は22都道府県で86件（銃刀類による殺傷事件4、火炎瓶事件6、ダンプ特攻などの車両事件18、発砲のみの事件10、暴力行為などの処罰法違反事件や傷害事件そのほか48／累計逮捕者数940人以上（六代目山口組側620人以上逮捕／神戸山口組側320人以上逮捕）にも及んだ。

その後も、神戸山口組と六代目山口組の対立抗争事件は、発砲、ダンプ特攻、暴行傷害などを中心に全国各地で続発している。

2016年3月に、当局は、六代目山口組・神戸山口組対立抗争集中取締本部（本部長・山下史雄副総監）を設置して、六代目山口組と神戸山口組の衝突を公的に「対立抗争」と認定したが、実際の当事者である六代目山口組と神戸山口組は、この状況を「本抗争」としてはいない。ヤクザ社会では、ひとつの物事について概ね75日間以内にケリをつけなければ「お流れ」になるという習慣がある。

六代目サイドは、分裂後に、神戸山口組の組長以下幹部たちに対して「六代目山口組からの破門状や絶縁状を発令」して、それをもって、分裂騒動についてのケジメとした。

神戸サイドは、破門状や絶縁状が発令されるよりも前に「袂をわかつ」として「脱会届」を六代目サイドに提出しており、それをもって、離脱における筋を事前に通した。

その後、六代目サイドにしてみれば、先に脱会届が提出されていたとはいえ、一応、破門や絶縁にした者たちが神戸山口組という新団体を結成した事実について、ヤクザとしてのメンツ上の問題が発生したとされるが、実際のところは、これは受け取り方や考え方の問題でもある。

六代目山口組にとっては、なにも、やぶからぼうに神戸山口組を潰すことだけが能ではなく、銃刀法や背任罪や使用者責任等への対応（警察対応）、社会に対する対面（一般世論に煽られないようにする）、治安維持（国家レベルの法令等の法処置への対応）を考慮すると、時には「様子を見る」、「静観する」、「流す」といった態度をとることもヤクザとして、また、暴力団として、六代目山口組という全国規模の大組織を束ねる親分の判断としてはとても重要なハンドル捌きとなる。

六代目山口組内部と神戸山口組内部には、分裂直後から、両者の再統合を目指すメンバーも多くいたため、即抗争ではなく、いわゆる、「分裂騒動の影響に対する調整期間」という意味合いも含んだ沈黙状態が、結果として、維持された。

繰り返すが、ヤクザや暴力団も組織維持のために、警察対応だけでなく、社会の安全や治安維持について考えることだってある。

そして、分裂時点から75日を過ぎても、破門状や絶縁状を回した以外で、これといった具体的なアプローチや行動を六代目山口組が示さなかったことにより「盆が流れる」がごとく、六代目山口組と神戸山口組の「分裂や、そのさいのメンツを保つためにヤクザとしてしなければならない喧嘩」をする時期は流れてしまった。

六代目山口組としては、再統合の調整期間も踏まえた上で、分裂という出来事を第一原因とした神戸山口組との本抗争は見合わすという結論を持ったようである。

それまで、神戸山口組との付き合い方を模索していた他団体も、この時期あたりから、正式に、神戸山口組と義理付き合いをするようにもなった。

本抗争中であれば、義理事やお付き合いは自粛したり遠慮したりするのがヤクザ社会や暴力団業界の習わしであるが、分裂直後の混乱時期はさておき、そういった義理事が再開されたことが、神戸山口組と六代目山口組が本抗争中の状態ではないということを状況的に物語っている。

このような点を踏まえると、やはり、六代目山口組と神戸山口組との間では、分裂を第一の原因とした本抗争は起きなかった、と捉えるべきである。

それでも全国各地で小競り合いと呼ばれて多発している六代目山口組系列の組員と神戸山口組系列の組員との衝突は、また別の原因や理由で起きた衝突や暴力事件として扱うことがより事実に沿った解釈の仕方である。

しかし、六代目山口組の面々と神戸山口組の面々との相関図は、分裂前から、決して友好関係にあるのではなく、どちらかといえば、両者は、分裂を境にして、はっきりと敵対関係にあると解釈したほうがふさわしい。

そして、人間の感情や思惑というモノは、いつの時代も、複雑で、一筋縄ではいかない面も多く、それは、ヤクザ者や暴力団員も同じで、敵対関係にある相手方と町場で対面すれば、大した理由がなくとも、つい、殺気立ってしまうことだってある。こういった要因が、その後も全国各地で六代目山口組系列と神戸山口組系列の衝突を繰り返させているのだともいえる。

だが、この線引きの仕方は、あくまでも、渡世上の考え方に沿ったものであり、法治国家である日本国民であるのならば、法的制限を遵守することが、日常生活を送る上で重要であり、当事者同士である六代目山口組と神戸山口組が「これは本抗争ではない。今起きている全国各地の衝突は、それぞれが個別に起点を持った原因に沿った内容によるものである」といったところで、当局から「分裂に伴う六代目山口組と神戸山口組による対立抗争である」と認定されてしまえば、分裂による抗争がずっと続いていると世論から指摘されても仕方ないところでもある。

当事者としては、本抗争は起きてはいない。
対外的には、本抗争中である。

こういった不思議な状態が、分裂以降、ずっと続いている。

そして2017年4月には、神戸山口組内部でも分裂が発生して、任俠団体山口組（後に任俠山口組に改称）なる新しい集団が誕生した。

任俠団体山口組については、その団体に所属している組員たちが、旗揚げ後も、神戸山口組系列の各組に組員登録されているという重複状態にあることから、神戸山口組内部での内部分裂状態とする見方と、神戸山口組とは違って、任俠団体山口組という新名称を掲げたことから完全に独立した新団体とする見方の両方が司法関係者だけではなくヤクザ社会においても混在している。

本書としては、ヤクザの本質と歴史を踏まえた上で、任俠精神の観点を持ちながら、日本国が法治国家であることを忘れることなく、当局の認定などを何事よりも一歩優先させて、六代目山口組と神戸山口組とは抗争中であるという観点からページを書き進めていく。

また、六代目山口組と神戸山口組及び任侠山口組のそれぞれの関係性を大局的な面からだけでなく、各組の組員ひとりひとりの目線やその周辺で起きた局地的なエピソードも踏まえて書き進めていくものとする。

日頃から、政治家や学識者から裏稼業の方々まで多方面の方々に取材をするなかで、圧力や偏見や一方的な価値観にとらわれることなく「国民の知る権利」の実践と実証に少なからず取り組むことで、社会の問題点や人として生きることの難しさが浮き彫りになると感じるところは多い。本書がどんな分野であろうとも「今、そこにある問題」に焦点を合わせることで、人として同じ過ちの繰り返しを回避したり、何らかの改善策が社会的に生まれるキッカケとなることを切実に願う。

本書を書き進めるにあたり、ご協力頂いた多くの業界関係者の方々に深く感謝を申し上げる。

そして、本書は、暴力団事件をただ羅列するだけでなく、また、ヤクザ・暴力団をいたずらに美化、推奨するものでもなく、実際に起きた出来事を通して、任侠道を哲学的に考察し、その本分を倫理的に追求することを根底に据えたものである。

三つの山口組　「見えない抗争」のメカニズム——もくじ

第2部 分裂で歪みだした暴力団社会

第3部　三つめの山口組

第4部　ヤクザと暴力団、その歴史背景の違い

第5部　日本国家と暴力団の行きつく先

おわりに

2015年～2017年　山口組再分裂までの流れ

2015年8月27日
井上邦雄・四代目山健組組長、入江禎・二代目宅見組組長、正木年男・正木組組長、池田孝志・池田組組長、寺岡修・俠友会会長らによって新団体・神戸山口組が結成される。

同日　山口組総本部にて緊急執行部会。

2015年9月1日
山口組総本部にて定例会開催。8月27日付で四代目山健組、二代目宅見組、正木組、池田組、俠友会の各トップを絶縁。毛利組、奥浦組、雄成会、大志会（現・大門会）、二代目黒誠会、四代目真鍋組、二代目西脇組、二代目松下組の各トップを破門。
当時の六代目山口組の構成員およそ5200人。
当時の神戸山口組の構成員およそ2600人（各警察庁発表、2016年）。

日本各地で衝突発生。

織田絆誠《おだよしのり》氏（神戸山口組若頭代行・四代目山健組副組長〈いずれも当時〉）が激励と意思統一のため全国各地を〈ねり歩き〉。

2016年3月7日

警察庁が集中取締本部を設置し、六代目山口組と神戸山口組は対立抗争状態であると認定した。

2016年5月27日～28日

第42回先進国首脳会議が三重県志摩市で開催されるため、一時休戦（サミット休戦）。

2016年5月31日

何者かにより、高木忠・神戸山口組舎弟頭（当時）・池田組若頭・昇伸会会長・神戸山口組幹事（役職当時）が射殺される。

神戸山口組内では「報復厳禁」「返し厳禁」の徹底がなされる。

2016年6月5日
六代目山口組若頭補佐・三代目弘道会高山組山本興業組員・山本英之被告が高木若頭射殺事件の実行犯として自首。

2016年9月5日
新神戸駅構内で定例会のために移動中の司忍・六代目山口組組長に対し、神戸山口組系組員十数名が「サイン下さい」と迫る〈サイン下さい騒動〉発生

2017年1月30日
高木若頭射殺事件の実行犯山本被告に無期懲役の判決が下され、山本被告が下獄。

2017年4月30日
織田絆誠氏（神戸山口組若頭代行・四代目山健組副組長〈いずれも当時〉）が神戸山口組及び四代目山健組から離脱した組織で任俠団体山口組を結成。山健組による身内びいきを批判した。
任俠団体山口組の構成員数は不明。

任俠団体山口組発足と同じくして、古川組内が神戸山口組と任俠団体山口組に分裂。任俠団体山口組に移籍した古川組が三代目古川組を名乗ったため、神戸山口組内の二代目古川組と並存する状態に。

その後、神戸山口組古川恵一・二代目古川組組長が仲村石松組長に三代目古川組を継承させ、自身は三代目古川組総裁となる

と同時に任俠団体山口組内三代目古川組は三代目の呼称を外し、古川組となる

2017年8月9日

「暴力団ではなく任俠団体であるという趣旨は達した」として、任俠団体山口組から任俠山口組に改称を発表

六代目山口組 組織図

組長
司 忍

舎弟頭
- 青山千尋（二代目伊豆組・福岡）

舎弟
- 川合康允（川合組・岐阜）
- 鈴木一彦（旭導会・北海道）
- 青野哲也（七代目一力一家・静岡）

若頭
高山清司

統括委員長
- 橋本弘文（極心連合会・東大阪）

本部長
- 森尾卯太男（大同会・鳥取）

若頭補佐

- 藤井英治（五代目國粋会・東京）
- 江口健治（二代目健心会・大阪浪速）
- 高木康男（六代目清水一家・静岡）
- 竹内照明（三代目弘道会・愛知）
- 野村 孝（三代目一会・大阪北）
- 安東美樹（二代目竹中組・姫路）
- 津田 力（四代目倉本組・和歌山）

幹部

- 組織委員長 高野永次（二代目織田組・大阪中央）
- 茶谷政雄（茶谷政一家・北海道）
- 富田丈夫（國領屋一家・静岡）
- 清田健二（十代目瀬戸一家・愛知）
- 薄葉政嘉（十一代目平井一家・愛知）
- 慶弔委員長 能塚 恵（三代目一心会・大阪中央）
- 組織委員 秋良東力（秋良連合会・大阪浪速）
- 生野靖道（四代目石井一家・大分）

若中

- 良知政志（良知組・静岡）
- 北島 虎（二代目杉組・愛知）
- 貝本 健（貝本組・愛知）
- 事務局長・慶弔副委員長 篠原重則（二代目若林組・香川）
- 布川皓二（二代目中西組・大阪中央）
- 田保伸一（二代目昭成会・石川）
- 落合勇治（二代目小西一家・静岡）
- 里 照仁（二代目中島組・大阪淀川）
- 田中三次（三代目稲葉一家・熊本）
- 慶弔委員 清水 武（二代目岸本組・兵庫神戸）
- 慶弔委員 田堀 寛（二代目名神会・愛知）
- 塚本修正（藤友会・静岡）
- 一ノ宮敏彰（二道会・福岡）
- 高山誠賢（淡海一家・滋賀）
- 山嵜昌之（三代目益田組・神奈川）
- 浜田重正（二代目浜尾組・神奈川）
- 波入真一（七代目奥州会津角定一家・福島）
- 中山和廣（三代目矢嶋組・愛媛）
- 佐藤光男（落合金町連合・東京）
- 組織委員 井上茂樹（二代目大石組・岡山）
- 渡部 隆（四代目誠友会・北海道）
- 山下 昇（極粋会・東大阪）
- 組織委員 平松大睦（二代目源清田会・新潟）
- 組織委員 加藤徹次（六代目豪友会・高知）
- 鈴川駿二（六代目早野会・大阪北）
- 吉村俊平（四代目吉川組・大阪中央）
- 小林良法（三代目心腹会・徳島）
- 高島伸佳（朋友会・大阪西成）
- 森 健司（三代目司興業・愛知）
- 慶弔委員 杉山志津雄（三代目愛桜会・三重）
- 新井錠士（二代目章友会・大阪北）
- 金田芳次（二代目大原組・大阪生野）

※役職・名前（組織名・本拠地）の順で掲載
2017年8月現在 順不同・敬称略

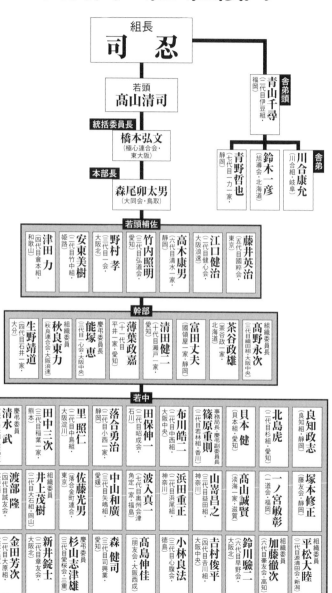

神戸山口組 組織図

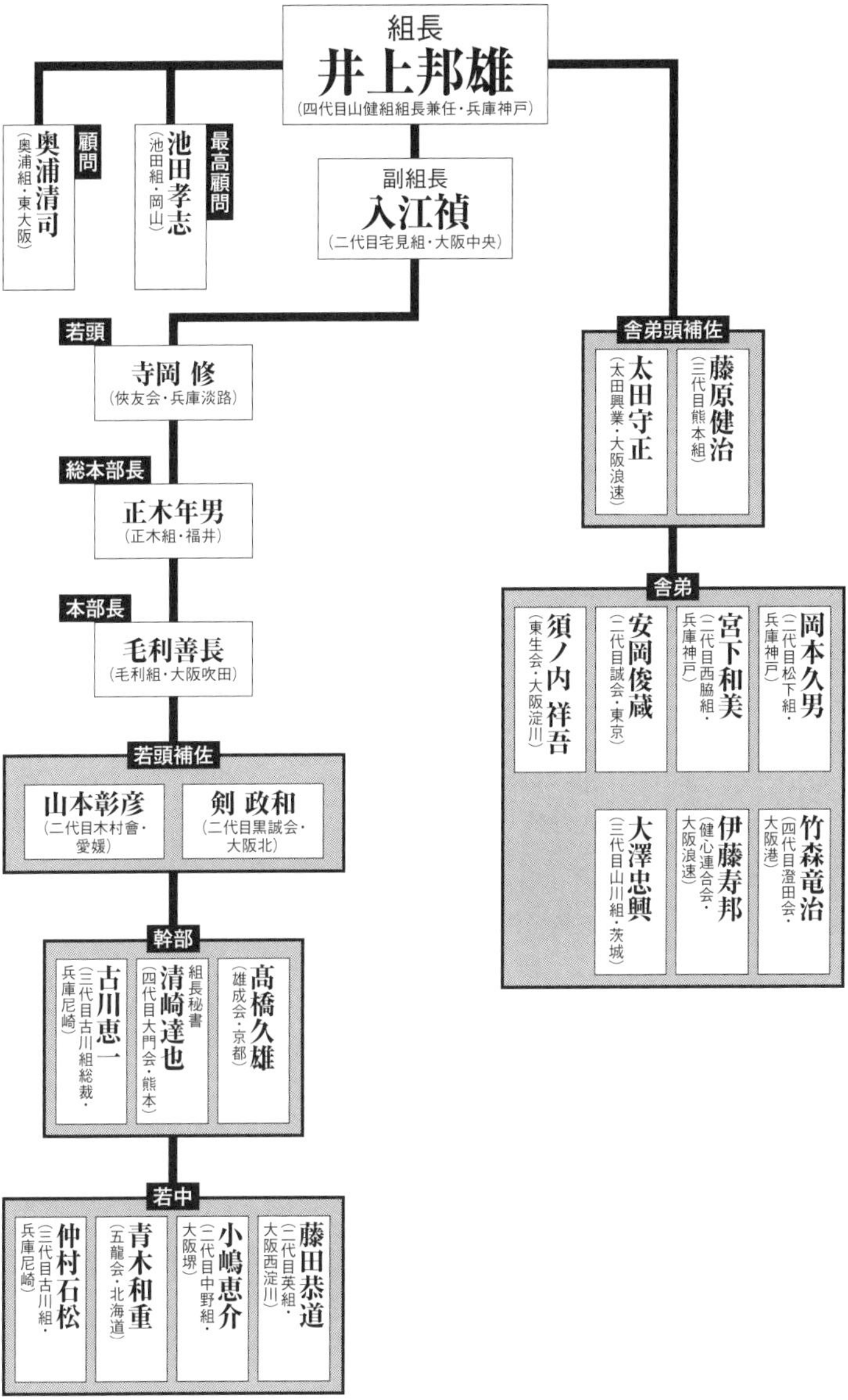

※役職・名前(組織名・本拠地)の順で掲載
2017年8月現在 順不同・敬称略

任侠山口組　組織図

代表
織田絆誠
（大阪市中央区）

相談役
- **大下秀夫**（秀誠会会長・大阪市此花区）
- **土倉太郎**（土倉組組長・大阪市中央区）

本部長
池田幸治
（四代目真鍋組組長・兵庫県尼崎市）

本部長補佐
- **山崎博司**（古川組三代目・兵庫県尼崎市）
- **久保真一**（山健同志会会長・大阪府守口市）
- **大谷榮伸**（京滋連合会長・京都府）
- **植木 亨**（二代目植木会会長・福岡市）
- **金澤成樹**（山健連合会会長・長野県松本市）

舎弟
- **石澤重長**（石澤組組長・長野県上田市）
- **樺山典正**（樺山総業組長・大阪市淀川区）
- **北村隆治**（北村連合会長・大阪市西成区）
- **木村政明**（三代目臥龍会会長・東京都）
- **田中 守**（田中興業組長・大阪市生野区）
- **花田哲雄**（三代目東海連合総裁・静岡県三島市）
- **牧野元義**（牧野興業組長・東大阪市）

- 国防隊長補佐 **芥川貴光**（二代目平山組組長・茨城県日立市）
- 直参 **浅野敏春**（浅野会会長・長野県長野市）
- 情報戦略局長・本部長付 **新井孝寿**（雅心会会長・兵庫県尼崎市）
- 警備隊長補佐 **安藤廣幸**（絆神会会長・神戸市長田区）
- 警備隊長補佐 **壱岐国博**（壱誠会会長・兵庫県明石市）
- 直参 **伊庭元治**（絆勇会会長・大阪市住之江区）
- 直参 **上杉正義**（誠連合会長・千葉県千葉市）
- 国防副隊長 **大島毅士**（奥州連合會会長・宮城県石巻市）
- 国防隊長 **岡林篤志**（絆粋会会長・大阪府藤井寺市）
- 直参 **加藤直樹**（三代目北竜会会長・北海道札幌市）
- 直参 **金山健一**（三代目矢倉会会長・大阪府堺市）
- 治安維持副隊長 **加茂輝幸**（輝侠会会長・京都市山科区）
- 国防隊長補佐 **川中健史**（三代目川中組組長・長野県上田市）
- 直参 **川村悟郎**（二代目太成会会長・大阪府堺市）
- 組織統括 **紀島一志**（二代目織田興業組長・大阪市北区）
- 警備副隊長 **小島大亨**（小嶋会会長・神戸市長田区）
- 渉外委員 **権藤 聡**（三代目鈴秀組組長・大阪府寝屋川市）
- 直参 **冴木勇二**（勇侠会会長・新潟県長岡市）
- 治安維持隊長 **坂本正次**（杉秀会会長・大阪市浪速区）
- 治安維持隊長補佐 **佐藤栄城**（二代目柏田組組長・東大阪市）
- 直参 **柴田眞治**（絆侠連合会長・東京都）
- 直参 **鈴木頼一**（健國同志会会長・埼玉県）
- 直参 **武田信夫**（三代目鶴城組組長・東京都）
- 慶弔統括 **田中勝彦**（泉州連合会会長・大阪府堺市）
- 警護隊 **夏木政雄**（誠義会会長・神戸市長田区）
- 渉外委員 **西川純史**（四代目絆連合会長・大阪市中央区）
- 直参 **西村羊次**（二代目是木組組長・大阪市西成区）
- 直参 **林 隆生**（四代目本江組組長・富山県射水市）
- 直参 **張本 勝**（張本組組長・兵庫県西宮市）
- 渉外委員 **阪東 浩**（三代目北村組組長・大阪市西成区）
- 渉外委員 **日高竜志**（二代目姫野組組長・大阪市西区）
- 直参 **福井誠則**（薩州連合会会長・鹿児島市）
- 警備隊長 **福原 恵**（極誠会会長・大阪市淀川区）
- 警護副隊長 **前田貴光**（二代目志闘会会長・神戸市中央区）
- 直参 **松下 愼**（六代目紀州連合会会長・和歌山県田辺市）
- 直参 **松谷雅史**（二代目大下会会長・大阪府岸和田市）
- 事務局長 **松山政信**（二代目勢道会会長・東大阪市）
- 直参 **宮下 聡**（四代目竹内組組長・長野県松本市）
- 警護隊長 **牟田秀次郎**（牟田会会長・神戸市中央区）

※役職・名前（組織名・本拠地）の順で掲載
2017年8月現在　順不同・敬称略

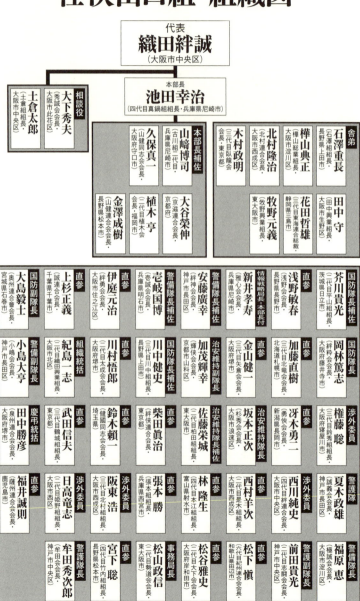

第1部　ある極道の死

神戸山口組舎弟頭射殺事件

アメリカ、フランス、イギリス、ドイツなどの先進国の首相らが一堂に会する第42回先進国首脳会議（2016年5月27日〜28日・通称：伊勢志摩サミット）が三重県志摩市で開催されることに伴って、六代目山口組と神戸山口組に関わる暴力団事件の発生率が一時沈静化（サミット休戦）したが、伊勢志摩サミット終了直後の2016年5月末に大事件が発生した。

あろうことか、神戸山口組舎弟頭（当時）の池田組の若頭である高木忠若頭・神戸山口組舎弟頭・池田組若頭・昇伸会会長・神戸山口組幹事（役職当時）が射殺されるという事件が起きた。

享年55歳。

2016年5月31日の午前9時50分頃。岡山県岡山市南区内の天候は花粉混じりの晴天だった。池田組の実力者である高木若頭が私用で外出するために自宅マンションの玄関を出て、迎えの車と合流する予定だった隣接駐車場付近にひとりで徒歩で向かった瞬間、待ち伏せていたヒットマンが4発の銃弾を高木若頭に向けて発射した。

4発のうちの1発は逸れたが、ヒットマンは3発の弾丸を高木若頭の左脇腹と左肩と左手に撃ち込んだ。左脇腹から体内に侵入した弾丸の内の1発が心臓を損傷させており、高木若頭は即死状態だった。辺り一面は生々しい流血痕が広がり、ヒットマンは直ちにスクーター型のバイクで射殺現場から逃走した。

この射殺事件は発生当日の午後を過ぎたあたりからインターネットを皮切りにマスコミ各社がそれぞれ続々と報道を開始したが、それよりも早い時間帯で、関係者を含めた神戸山口組の全体に「池田んとこの高木若頭が殺られた」という訃報が伝わった。

高木若頭が射殺された現場には、警察や救急隊員たちのほかに、迎えの運転手、高木若頭の奥様や池田組組員たちが集まり、事件発生から1時間も経たない内に、岡山市内にある池田組本部事務所には多くの組員や組関係者たちが集結した。飛行機や新幹線などでの移動が必要になる遠方の組員や組関係者たちも各交通手段に飛び乗って池田組本部事務所に向かっていた。

午前11時頃には、神戸山口組の関連施設に池田組長をはじめとする神戸山口組の直系組長たちが集まり、打ち合わせを開始。午後12時30分頃に井上邦雄神戸山口組組長が到着したのと同時に緊急会議が開かれた。

会議は1時間以上にも及び、池田組、そして、神戸山口組としては、故人の追善供養を第一優先として、この高木若頭射殺事件に対する速攻的な報復という「返しは厳禁」「報復厳禁」として沈黙した。

世論や報道関係者たちは、この沈黙に対して、警視庁による特定抗争指定暴力団の指定を逃れるために沈黙化したという見方を大筋としたが、実際は故人の奥様の悲しみを少しでも和らげるために「今は追善供養が最優先」という判断を神戸山口組は第一として、それを実践した。まったくもってそれは当然の姿勢である。

射殺事件という特異性から、故人の遺体は射殺現場から救急車で搬送された岡山市内の病院で正確な死亡が確認され、司法解剖（2016年6月2日）が行われ、遺体のなかに残っていた弾丸が発見され、死因が「心臓損傷による死亡」と確定した。

その後、岡山市内の斎場で執り行われた葬儀には、井上組長をはじめ、入江禎《ただし》副組長、寺岡修若頭、池田孝志舎弟頭（役職当時）、奥浦清司顧問ら神戸山口組の最高幹部らが一同に出席して、亡くなった故人が好きだった演歌がスピーカーから流され、多くの参列者が故人との別れを偲び、また、遺族となった奥様にお悔やみを述べた。

「あってはならない出来事が起きた」

射殺事件から間もなくして池田組本部事務所に駆け付けた組員や関係者たちの全員がそう感じた。

全国各地から集まった組員や組関係者たちのなかには、その後も一週間以上、池田組本部事務所がある岡山市内のホテルなどに滞在して、さまざまな手伝いをしながら状況を見守る者も多くいた。

「報復厳禁」「返し厳禁」という通達。

それはあくまでも追善供養を第一にした通達だった。そして、葬儀が無事に済んだ今、どうするべきか？　池田組本部事務所を中心として、岡山市内各地の滞在場所に「号令ひとつで即出動可能なメンバーたち」が点在して潜伏待機していた。

「殺ったのは弘道会じゃろう」

分裂後の状況からして、故人の仇は、誰しもが、六代目山口組若頭補佐三代目弘道会であると推測していた。

そう推測する理由は、六代目山口組の分裂後、六代目山口組若頭補佐三代目弘道会がすべての喧嘩を引き受けると豪語したのを皆知っていたからである。

実際は、三代目弘道会以外の六代目山口組の二次団体の組員や系列の組員たちが起こした喧嘩騒動のほうが多かったが、そもそも神戸山口組と六代目山口組の分裂の原因のひとつでもあった二代目及び三代目弘道会による六代目山口組内における理不尽な独占化を見れば、この度の射殺事件を三代目弘道会が引き起こしたことは神戸山口組の者でなくとも容易に見当がついた。

それだけでなく、各ニュースもこの射殺事件を三代目弘道会が起こした事件であるという見方を全面に打ち出すような報道を繰り返した。

しかし、実際は誰が高木若頭を射殺したのか？　そしてその動機は何か？

十仁会という幻影

高木若頭は、生前、全国各地で暴力事件が多発し続けている山口組の分裂後の状況を考慮して、自宅マンションの各所に防犯カメラを新たに3台設置していた。

そして、高木若頭を射殺したヒットマンと思われる人物の姿が防犯カメラの映像にしっかりと映っていた。

射殺事件の数分前。スクーター型のバイクに乗った若い男が現場周辺を下見しているような姿がカメラには映っていた。また、同人物が現場周辺を徒歩でウロついている様子も映像から確認された。さらに、この人物のほかに、数名の人物も防犯カメラはとらえていた。

射殺事件発生後に、白っぽい無地のシャツで黒っぽいフルフェイスのヘルメットを被った身長170㎝ぐらいの細身の若い男がスクーター型バイクで逃走する姿も目撃されていた。

「弘道会のヒットマンか？」

誰もがそう思った。

あるテレビ番組では「間違いなくプロの犯行」というコメントを専門家から貰って大々的にオンエアしていた。


「弘道会には『十仁会』と名付けられた殺人専門部隊があるとされる」


十仁会の存在については射殺事件の直後から主にインターネット内で噂されるように広まり、弘道会の暴力的実力を示すひとつの代名詞のように扱われた。

ヤクザとはいえ、海外などで特殊な訓練を受けて拳銃の取り扱い方から狙撃術はもちろん、兵士のような戦闘技術を身に着けた「抗争のスペシャリストチーム」。

さらに殺しの技術だけでなく、盗聴や調査能力にも長け、目的達成のためなら長期服役や死刑判決もいとわないという異常な精神力も兼ね備えた特殊部隊である。

そして、高木若頭射殺事件の実行犯が十仁会であるという憶測がインターネットを中心に日本全国に広まった。

「弘道会には殺しのプロフェッショナル集団・十仁会がいる」という評判が弘道会の武闘派イメージの表看板のようになっている。

しかし、実は『十仁会』というものはない。のである。

繰り返すが、弘道会に十仁会という殺人部隊は「もう」存在してはいない。

正確にいうと「昔はあった」である。1989年頃までは、弘道会内に強烈なヒットマン集団が存在していたのは事実である。

1989年とは、一和会抗争（1984年～1989年3月）が終結した年である。一和会抗争の詳細についてはここでは割愛するが、四代目山口組とたもとをわかった一和会との間で起きた暴力団抗争事件である。この時、弘道会は現在の六代目山口組組長司忍親分が初代弘道会の会長（四代目山口組若中）として一和会抗争に参加していた。司忍弘道会会長（当時）及び髙山清司弘道会若頭（当時）の指揮で「弘道会の特殊部隊」が組織されたのは司忍会長が初代弘道会会長となった1984年頃からである。

その目的は、主に一和会抗争で戦果をあげることだった。一和会抗争は、弘道会だけでなく、山健組、宅見組、竹中組、豪友会、古川組、章友会、一心会、後藤組（六代目体制時に除籍）をはじめとした四代目山口組の圧倒的勝利により一和会解散で終結し、それと同時に十仁会も役目を終えた。十仁会を持つ弘道会が一和会抗争時に挙げた戦果の詳細についてはここでは割愛するが、弘道会の活躍が四代目山口組を勝利に導いたことは間違いない。

その後、暴力団業界が喧嘩主体から拝金主義に変貌した流れに伴って、十仁会は自然消滅した。

また、当時の司忍弘道会会長（現・六代目山口組組長）が、四代目若中から五代目若頭補佐に昇格して執行部入りしたことにより「五代目の平和路線維持という方針の死守」「山口組として抗争厳禁の厳守」「若頭補佐という看板で金を増やせるようになった」のも十仁会が過去の遺物になる原因だったのだろう。

ちなみに、十仁会出身で伝説化していたある幹部組員は、六代目山口組が分裂した直後に、大阪府内で自殺している。山口組の分裂について、悔しい想いがあったのだろうか。

弘道会の暴力的実力を表す代名詞として、一和会抗争後も、度々、マスコミやメディアに登場する十仁会という組織内特殊集団は、現在の三代目弘道会内には存在してはいない。十仁会が世代交代をおこなって精鋭部隊として三代目弘道会内に存在しているという歴史もない。

十仁会消滅について追記すると、十仁会が役目を終えた１９８９年頃に、仮に30歳だったメンバーは高木若頭射殺事件が起きた２０１６年時点で57歳である。60歳に手が届くところまできている人間の身体能力では当時のような「命を懸けた行動」ができるわけがない。同様に、十仁会があった頃、40歳だったメンバーは２０１６年時点で67歳となる。これまた今となっては全速力でバイクを運転することすらできない。

高木若頭を射殺したヒットマンは、防犯カメラの映像解析と目撃情報によると「170㎝ぐらいの細身の若い男」であった。十仁会にこだわって百歩譲って考察しても、年齢的にこの者が十仁会出身者ではないということは明白で、さらに弘道会内で十仁会が今日まで存続していた事実はないので、世間で噂されるような十仁会による犯行ではないわけである。

それでも、

「弘道会が殺った」

と、一般人とは違う視点で報道やネットの情報をアテにせずに、裏社会の事情に通じた関係者たちが推測したのは、射殺された高木若頭が、神戸山口組と六代目山口組の分裂において『重要な役割』を担っていたからである。

テレビ番組では、六代目山口組の切り崩し（移籍組員の獲得）の中国地方における神戸山口組の代表格とされており、そういう立場が原因となって射殺対象になったのではないかといった推測が堂々と展開されていた。

たしかに、高木若頭が中国地方の六代目山口組傘下団体に対して強い影響力を持っていたのは事実だが、ここでいう重要な役割を持った存在だったというのはそれだけではない。

神戸山口組と六代目山口組の分裂劇で、近年のヤクザ社会では珍しくヒーロー的存在となったひとりの人物がいる。織田絆誠《おだよしのり》（神戸山口組若頭代行・四代目山健組副組長いずれも当時／現・任侠山口組代表）である。

彼は井上組長の懐刀といわれ、分裂後は、神戸山口組のフロントマン的役割を果たし、全国各地の神戸山口組系列の各団体の事務所を周って神戸山口組本隊からの意向を伝えて組織全体の意思統一を図ると同時に、六代目山口組系列の各団体に対して牽制を与えた「ねり歩き」が話題となった人物である。

ちなみに、織田絆誠の「ねり歩き」がマスコミなどで話題になったせいか、六代目山口組若頭補佐・竹内照明三代目弘道会会長も多くの組員たちを引き連れて各地で同様のねり歩きをおこなった。

竹内照明会長のねり歩きの模様は某週刊誌などで写真付きで取り扱われ、まるで芸能人や歌手のPR活動のような有り様で、本気なのかふざけているのかよくわからない真似事まで巻き起こした。

織田絆誠は神戸山口組の懲罰委員にも就き、その人気は、ヤクザ社会を中心に、一時、カリスマ的な領域にまで達した。

そんな織田絆誠に行動資金を提供していたのが、射殺された高木若頭だった。

神戸山口組の池田組若頭として織田絆誠に資金提供していたのではなく、高木若頭個人の考えと裁量で、織田絆誠の全国各地のねり歩きや各地域の組織固めなどにかかる費用、切り崩し資金（移籍勧誘工作資金）などを提供していた。各方面への取材を総合すると、その資金提供額は累計で3億円ともいわれている。

池田組の若頭を務めながら池田組内昇伸会会長で神戸山口組の幹事職であった高木若頭は岡山県内と関西圏内を中心に不動産業や飲食業などを手広く手掛ける実業家としての顔を持ち、神戸山口組結成の精神的主軸のひとつである中野会（中野太郎会長／2005年解散／山健組出身）の舎弟頭補佐・末藤組の地盤を引き継いで池田組に移籍後に若頭に就いた実力者である。中国地方のみならず西日本全域でその名が通る「渡世の大物」であった。

こういった素性を持つ高木若頭が神戸山口組のフロントマンとして山口組分裂後の緊張状態に包まれた日本全国を駆け巡る織田絆誠へ資金提供をしていたことは、高木若頭のヤクザとしての純粋なる熱意によるところでもあった。

実は高木若頭の葬儀に、六代目山口組の直系組長や幹部たちが数名参列していた。昔からの個人的な友人としての参列であることは間違いなく、高木若頭の人望の高さがうかがえる一幕である。そして、分裂後のヒーロー的存在だった織田絆誠の活動資金担当者が高木若頭であるということが六代目山口組幹部たちの間でも公然の事実として知られていたことを示していた。

織田絆誠のねり歩きに対して本気なのかふざけてるのかよくわからない対応をした竹内照明三代目弘道会会長も当然にそれぐらいのことは既に把握済みでもあった。

分裂のヒーローともいえた織田絆誠を潰して、神戸山口組に痛手を負わせる方法として、織田絆誠の資金提供者である高木若頭を射殺することは、分裂後に組員の離脱に拍車が掛かっていた六代目山口組を少しでも優位に導く手段としては大いに合点がいくところである。

テレビやインターネットでは「高木若頭が切り崩し（移籍勧誘行為）を積極的におこなっていたのが襲われた原因」としきりに報じていたが、切り崩しについては、高木若頭以外の神戸山口組幹部たちも各地で巧みにおこなっており、高木若頭だけがやっていたわけではない。それよりも「織田絆誠の資金提供者」だったというのが最大の原因であり、その本筋である。

故に、池田組組員をはじめとした組関係者たちも岡山市内の各所で潜伏待機を続けながら、この射殺事件に対する報復対象を三代目弘道会に絞り込んで、その後の情報収集に努めていた。

しかし、不思議なぐらいに、この射殺事件について、三代目弘道会から『名乗り』が上がることはなかったのであった。

『名乗り』の不在

本来、ヤクザの喧嘩というものは、昔から、殺ったほうは必ず名乗った。テロ組織の犯行声明のように報道機関に向けて「自分が殺った」と言いふらすのとは違って、相手方の組に対してや、いわゆる、業界の関係各位に対しては「渡世上の都合により」と前置きして名乗りを上げる習慣がある。

こうすることで、実行犯が刑に服するために出頭したり、世論の混乱を最小限に止めたり、仇討ちの間違いを防いだり、また、喧嘩の原因や過程を親分たちが吟味してその終結策（手打ちや勝敗決着）を見出したりしてきた。

そして、これは推奨できる話ではないが、もしも、喧嘩に勝って男の株が上がるのなら、つまり、テガラになるのなら、向上心や出世欲が原因となって、当然のように「俺が殺った」「うちの組がやった」と『名乗る』わけで、むしろ、それがなければテガラにもならなければ喧嘩に勝ったことも決定され辛いというヤクザ社会特有の判断基準がある。

例外的な出来事までいえば、ひと昔前は、抗争事で殺しがあると、殺ってない奴なのに「あれは俺が殺った」と見栄欲やテガラ欲しさに嘘の名乗りをあげる奴までいたりもした。当然、その嘘は早い段階で見破られ、殺ってもないのに殺ったといった奴はいつの間にかヤクザ社会から姿を消すことになる。

とにかく、それだけ「名乗ることはヤクザ社会では重要」なことである。この射殺事件では、高木若頭という大物が殺られた。

それにも関わらず、誰が射殺事件の犯人なのか一向にわからなかった。誰も名乗り出る者がいなかった。これはまったくもってヤクザ社会の仁義に反した状況だった。

先記した通り、神戸山口組と六代目山口組の分裂後の状況からいって、射殺事件の犯人は、つまり、故人の仇は、神戸山口組の組員や他団体の組員たちですら弘道会であるとする見方が強かったが、それはあくまでも状況的推測でしかない。

六代目山口組、もしくは、弘道会側から神戸山口組、もしくは、池田組に対して「今回の件はうちの者が殺った」という『名乗り』は一切なかった。

こういった名乗りは、通常は、実行犯本人よりも、子分である実行犯からその報告を受けた親分クラスが相手方の親分クラスに電話や密会で告げるもので、この場面では、通常、「……うちの者が殺った」と話した後に「徹底的に抗争する」と続けていうか「（条件を出して）和解のために謝罪したい」と申し出るかのどちらかである。

昔から組員同士の喧嘩事の多くが、いわゆる、「組長クラスのトップ会談によって早急に和解された」といったような状況は後者のやりとりに起因するのがほとんどである。

このように名乗りをあげた事によって、むやみに抗争が拡大する事を回避したり、また、和解が成立して抗争が早期終結した事案が過去多数あった。

名乗りを上げるということは、決してテガラ目的だけではない。平和的解決に繋がる時も多々ある。だが、高木若頭射殺について、名乗りを上げる者は誰ひとりとしていなかった。

犯人不明の状況では、仇討ちをしたくとも、できない、という悔しい状況が池田組の各人をはじめとした神戸山口組の組員たちの本音だった。

岡山市内の各滞在場所で彼らはとても重い時間を過ごした。故人の仇が弘道会だという推測は立っても、殺った側からの渡世上の習慣に沿った名乗りがない以上、身動きが取れない状況だった。本当に、弘道会からは一向にその気配すらない状態が続いていた。

メディアに出ている解説者たちは、しきりに「暴力団による暴力団抗争時の殺人罪の刑罰の大きさ」を全面に出して「これまで以上に法律が厳しくなって、実行犯に対しては無期懲役、もしくは、死刑もありえる」とか「組織全体が壊滅してしまうので射殺事件の実行犯が昔のヤクザのように名乗り出ることはない」と強調して論じた。

また、マスコミ自身が「弘道会の可能性がある」と報道しながら「使用者責任と背任罪と殺人教唆などの罪が加算されて組織の存続ができなくなるために今回の事件は弘道会が指揮した射殺事件であるかどうかはわからない」とも追加報道した。要するに、弘道会が怪しい、とは思うが、世論的にもグレーになりつつあった。

なんにせよ、殺るだけ殺っておいて、名乗らないというのは卑怯者の極みであり、社会悪である通り魔殺人犯や未解決殺人事件の殺人犯と同等でしかない。そういった卑劣な殺人犯たちのことをヤクザと呼んだ歴史はない。

彼らは単純に殺人犯と呼ばれるだけである。時として、ヤクザがその類の殺人事件を犯した場合は、所属団体から直ちに破門や絶縁といった追放処分を受ける。

反社会的な思想を展開するつもりはないが、ヤクザがヤクザを殺ってから名乗り出ることだけに焦点をあてて解説をすれば、ヤクザがヤクザを殺るということは、ヤクザ社会独特の思想に沿っておこなわれなければならないことで、例えば、保険金詐欺殺人のような類とは絶対に同じにはならない。また、戦争という政治行為によって勃発した戦時下の兵士による敵兵の殺害とも大きく異なる。

ヤクザの思想に沿った行為とはいえ、人の世であるが故に、そのひとつひとつの事案にはそれぞれに理由がある。殺された兄貴分の仇を討つことと縄張りを死守するために敵対組織の組員を喧嘩で殺してしまうこととはその理由が異なる。しかし、どちらもヤクザの思想に沿った行動である。よって、「あの殺しはどうであった」「この殺しはこうだった」とここで述べることはないが、ヤクザとしてすべてに共通していえることは「殺ったら名乗る」ということである。

それは別に一般社会に対して公明正大に名乗って拡散させればいいということではない。自分の親分や兄貴分、そして、渡世のシガラミに関係した人物たちに対してだけのみ名乗ることでもその要件は満たされる。その上で法律や刑罰に照らし合わせればいいというのがヤクザ独特の考え方であり、ヤクザとカタギの大きな違いのひとつである。

カタギには法律しかないかもしれないが、ヤクザにはヤクザ独特の思想である「掟」と「国家の法律」といった2つの守るべきものがあるが、ヤクザがヤクザであるが故に、時として、法律よりもヤクザの掟の方が重要視されることもある。そういった強い独自性がヤクザにあるのはたしかである。

つまり、法律を意識しない場合もあるということである。そもそも殺人を犯すこと自体もそうである。しかし、それがヤクザの観点から見た場合、ヤクザの掟から見て成立していればそれ以上でもそれ以下でもないという決着を見せることがあるところがヤクザの特徴であり恐ろしさでもある。要するに、名乗り出る者がいないということは、ヤクザとして、それを「ヤクザの喧嘩」として認めにくいという観点がある。

射殺事件直後、世間では、その実行犯が弘道会であると噂された。報道各社は矢継ぎ早に「弘道会」の名称を報道内容に盛り込んで一斉にオンエアした。様々な事由により池田組を含めた神戸山口組の組員たちの間でも弘道会の名が口に出されるようになった。

しかし、三代目弘道会はヤクザ社会の思想と掟に沿って名乗るということはしなかった。仮に、三代目弘道会が殺ったとしても名乗らない以上「ヤクザとしてこれをテガラにすることは絶対にできない」とここに断言しておく。名乗りもせずに自分のテガラだとすることは絶対にできないのがヤクザである。

世間では「この機に神戸山口組が三代目弘道会に報復する」としきりに話題作りがなされたが、『名乗り』がないという状況から、井上組長をはじめとする神戸山口組執行部が「報復厳禁」「返し厳禁」の姿勢を続行して徹底厳守させたのは当然の判断であるといえる。

暗殺実行犯に向けられた疑惑

名乗りがない状況が続き、神戸山口組内部だけでなく、全国のヤクザ社会や暴力団業界で憶測や思い込みだけが膨らんでいた。

依然として、神戸山口組と六代目山口組との間で分裂後から続く不穏な緊張状態はその深みを増すばかりだったが、2016年6月5日、事態は急展開を見せた。その日、岡山南署に「(高木若頭の射殺について) 自分が殺った」と六代目山口組若頭補佐・三代目弘道会髙山組山本興業組員・山本英之（32・愛知県半田市旭町）が出頭したのだった。

「やはり弘道会の仕業だったのか?」

山本英之組員の出頭により、神戸山口組組員だけでなく、固唾を呑んでこの状況を見守る他団体の組員たちですらそう思った。

六代目山口組系の三次団体の組幹部は、

「(抗争が) もしかしたら始まるな (しかし、あくまでも三代目弘道会任せ)」と周囲に話した。

関東のとある暴力団幹部は、

「(抗争のせいで) 西から流れてくるシャブがストップするから、東京のシャブの値段が上がる」と覚醒剤ビジネスにおいての心配事を口にした。

そして、神戸山口組の組員たちは、いわゆる、「号令待ちの待機状態」に入る者が多数出現した。

三代目弘道会の本拠地である愛知県内の各所に潜伏し、ひとたび「殺れ」と号令がかかれば三代目弘道会全体に特攻をかける状況がわずか数時間で構築された。はっきり言って、もし攻撃命令が下されていたら、三代目弘道会は痛烈な打撃を受けていただろう。

しかし、「報復厳禁」「返し厳禁」が解かれて攻撃命令が下されることはなかった。

当局の取り調べによる山本組員の供述と事件直前の山本組員の携帯電話の通話記録から、射殺事件の共犯の疑いで、自称防水工の男性（岡山市）と六代目山口組若頭補佐・三代目弘道会草川組組員（岡山市）も逮捕された。

当局によるその後の取り調べで、岡山市内の市道から約30m入った雑木林のなかで見つかった拳銃が犯行に使われた拳銃と一致したことにより、山本組員は射殺事件の殺人犯として逮捕されたのだった。しかし、なぜか、共犯の疑いがかかっていたふたりは処分保留で釈放された。

そして、山本組員は「自分ひとりでしたこと」であると単独犯行を貫いた。

当局の捜査姿勢に意見するつもりはないが、山本組員の逮捕については、逮捕時点から「替え玉説」が全国津々浦々で浮上した。驚くべきことに、六代目山口組系列の組幹部たち、さらには、三代目弘道会の関係者たちですら「替え玉説」を口にしたのだった。過去、出頭したヒットマンについてこれほどまでに替え玉説が浮上したのも珍しい。

その理由を記すと、まず、

高木若頭と山本組員には接点がまったくなかった。

という点である。

はっきりいって、山本組員は、高木若頭のことを知らない。年齢的にも世代的にも大きく違い、そして約300km も離れた岡山県の高木若頭と愛知県の山本組員が知り合うキッカケも出来事もなかった。もともとは同じ山口組の系列といっても、高木若頭は分裂前から押しも押されもせぬ幹部クラスであり、山本組員は「枝の枝」と呼ばれる四次団体の組員でしかない。お互いの存在は実に遠い。四次団体の組員が、例えば分裂前の山口組で総本部当番につくことはほとんどない。総本部で顔見知りにでもならなければ、高木若頭と山本組員が知り合う場所すらなかったというのが実際のところである。

組織としての立場はもちろん、年齢的にも、縄張りや生活圏もまったく異なる両者が、もっといえば、すべてにおいて遠い距離である両者に接点はまったくなかったのである。

たしかに、高木若頭は中国地方はもとより、特に、西日本においては「大物」として知れ渡っていた。山本組員が、一方的に、高木若頭のことを「池田組の偉い人程度」に知っていた可能性はあるが「自発的に殺らなければならないほどの接点もなければ理由もなかった」のである。そもそもの付き合いが皆無なのである。

ある六代目山口組直系団体の幹部は、

「彼（山本組員）は故人（高木若頭）の顔すらまともに知らなかったはずや」とハッキリと話す。

また、神戸山口組直系団体幹部は、

「高木さんは（分裂前に）名古屋に行ってもあちこち出歩くような人ではなかった」と話す。

山本組員には高木若頭を殺害する個人的動機はまったくなかった。

山本組員の「自分ひとりでしたこと」という自白には相当無理があり、また、射殺事件現場となった高木若頭の自宅付近を山本組員が前々から知っていたなんてこともなかった。

山本組員は、射殺現場の土地勘もなく、高木若頭の顔すら知らないという状況で、いったいどうやって「自分ひとり」で殺れたのだろうか？

前出の六代目山口組直系団体幹部は、

「もし、彼（山本容疑者）が殺っとったら、彼にターゲットの顔写真を見したり、自宅住所を教えたり、犯行に使ったバイクを提供した共犯者がおるはずで（まさか愛知から岡山までバイクで殺しには行かんやろう）、彼の逮捕と共に逮捕された共犯容疑のふたりがこんなに早く処分保留で釈放されるなんて、ワシらの業界からいってもありえんことや（通常、暴力団員自身が犯した事件や暴力団員が関わった事件はカタギの同罪よりも刑が重くなる判例が多く、また、捜査段階でも、万引き等の軽犯罪とは違って、殺人事件は特に入念な捜査が行われているので、処分保留による早期釈放はあまりない）」と強く話した。

刑事ドラマなどで、犯罪者を逮捕せずに「あえて泳がす」ことで真犯人を割り出そうとする捜査方法を見たことがあるかもしれないが、それはあくまでも刑事ドラマの世界の物語で、実際の捜査で「殺人事件の共犯者」をあえて釈放するなんてことは断じてない。

繰り返すが、共犯容疑で逮捕された防水工の男と弘道会系組員の男は逮捕後ただちに処分保留で釈放されている。この早期釈放が、彼らは「替え玉」である山本組員の「被害者」に過ぎなかったのではないかという業界内の見方を一層強めた。

高木若頭の自宅に新設された防犯カメラの映像には、複数の人物の姿が録画されていた。共犯容疑で逮捕された男たちは、この映像をもとにして逮捕されたのではなく、山本組員の携帯電話の通話記録をもとにして逮捕されている。そして、逮捕したところ、山本組員との携帯電話の内容と事件とがまったく関係のない内容で、しかも、彼らには「アリバイという事件現場不在証明」もしっかりとあり、防犯カメラに写っていた人物たちとも容姿がまるで違っていたことから処分保留による早期釈放となっている。

つまり、山本組員が「替え玉出頭」で逮捕されたせいで「たまたま携帯電話で話していた男たち」が共犯容疑で逮捕されたというわけである。

防水工の男と弘道会系組員の男は「替え玉出頭のあおりを喰らって逮捕された」に過ぎない。だから、処分保留による早期釈放なのである。

前出の六代目山口組直系の団体幹部は、

「殺しがらみの共犯疑いでこんなに早く出て来れるのは「違った」という、よほどしっかりとした確証があった時だけや。釈放されたひとりは弘道会系の奴やろ。わざわざ弘道会対策本部まで作って別件逮捕でもなんでもやって狩りまくっとったサツが早期釈放するっちゅうことは、本当にやってなかったんや。誤認逮捕レベルやったんと違うか。せやから彼（山本容疑者）が替え玉やちゅう話になるねん」と述べた。

山本組員の場合は、何はどうあれ「自分が殺った」といい張ることで逮捕後の拘留を長引かせることもできるが、共犯容疑で逮捕されたふたりは、そもそも自分たちが逮捕されることすら考えたこともなかったわけで、彼らには「やってないことをやりましたという理由は当然のようになかった」のである。山本組員にとっても、自分の出頭が原因で「無関係のふたりの知人たちが共犯容疑で逮捕されるとは予想していなかった」のではないだろうか。

過去、抗争事件に関わった経験がある神戸山口組二次団体の幹部は、

「知らん相手を殺りに行く場合は、人物特定もやらないかんから、相手のことを知っとる人間と絶対にチームを組むわけや。当たり前やろ。しくじったらどないすんねん？　中途半端な準備で行って、失敗したら、どうにもならんやんけ」と話す。

たしかに、相手を射殺しようとした場合、失敗しないように周到に準備をすることは当然と

いえば当然である。そして、そこには強力な協力者という共犯者の存在がある。

山本組員が実行犯だった場合、山本組員が見ず知らずの土地で、顔もまともに知らない高木若頭を射殺するためにはかなり強力な共犯者が必要になる。その共犯者とされた男たちが逮捕されたわけだが、まったくの無関係だったことが判明して、早期釈放された。それは、山本組員がひとりで犯行に及んだことを意味しているのではなく、山本組員自身も早期釈放された男たちと同様に「殺ってはいない」からではないだろうか？

六代目山口組二次団体のある幹部は、

「はっきりいって、ワシらですら、疑っとんねん。実行犯が捕まって、サツに調べ上げられて共犯者まで捕まって、それが処分保留でパイ（釈放）なんてありえんで」と首を傾げた。

そして、

「普通、ホンマに殺っとったんなら、上（執行部）から何かしらの通達があるわけや。例えば、むこうとホンマに（本抗争）はじめるのかどうするかってな。逮捕された兄ちゃん（山本組員）が弘道会んとこのもんやって出とるしな。ところがや、何にもいうて来んねん。まるで何事もなかったかのようや。前々から出とる抗争厳禁の指示が続いとっただけや」と赤裸々に話した。

ハッキリしていることは、共犯者の助けがなければ絶対に殺れない状況下で、共犯者とされた男たちは無関係だったことが証明されて処分保留で早期釈放され、六代目山口組執行部は「知らぬ存ぜぬ」を決め込み、ヒットマンとしての材料がまったく揃ってない山本組員がひとりで殺ったといい続けるという、まさに「替え玉」という「蓋役」の模範的な状況だけが繰り広げられたということであった。

六代目山口組内で、殺ったとも、殺ってないとも、一切の通達が出ていなかったことが、六代目山口組系列の組員たちの間でも替え玉説が広がる原因でもあった。

情報漏洩を防ぐために「替え玉にしたから」なんて通達が出ることはない。そして、もし、三代目弘道会がこの殺しにまったく関与していなかったのなら、それこそ「無関係につき」と六代目山口組組員全員にただちに通達するべきである。しかし、それもなかった。そして、繰り返すが「うちが殺った」と通達されることもなかった。

神戸山口組では、山本英之が出頭して自ら容疑者となった後に開かれた定例会で「確証ナシ」としたものの「大筋では弘道会によるところ」との一応の結論を持ったが、実行犯については「未確認」とした。

山本組員の「替え玉説」が根強い理由は前記した以外にもある。

神戸側では、射殺事件後の情報収集で、山本組員が多額の借金を持っていたことまで摑んでいた。つまり、借金返済と多額の報酬のために替え玉を引き受けたという見方である。山本組員の借金状態については、三代目弘道会にかなり近い筋から得た情報で、信用に足るものだった。

もちろん、借金返済と多額の報酬のためにヒットマンを引き受けるという筋書きもあるが、先記した内容により、ヒットマンとしての材料が揃っていなかった山本組員がこの筋書きに当てはまるとは到底考え難いものがあった。

要するに、数々の抗争経験を持つ弘道会が、ヒットマンとしての能力が低くて、失敗する可能性が高い山本英之に対して、たとえ「本人が殺りたい」といっても、許可するわけもなければ指示するはずもないということである。

簡単にいえば、失敗したらどうするのか？　という不安材料が山本英之には多すぎるのである。

そうであるとするならば、やはり、この射殺事件は、山本組員がひとりで勝手に殺ったのか？　とするのは早合点過ぎる。山本組員が実行犯だったとはいえない不可解な点はまだある。

「出頭時に拳銃を持参していなかった」ことが不可解なのである。

一般人よりも逮捕事由に詳しいヤクザ・暴力団員なら、殺人に使用した凶器（拳銃）という証拠物がなければ、虚言扱いにされるなどして、逮捕されにくいことを熟知しており、出頭するさいは犯行に使用した凶器を持参するのが、いわばヤクザ・暴力団員の出頭の通例だが、山本組員は手ぶらだった。

このことは、ヤクザの常識、暴力団員の常識からすれば「かなり変」であり「替え玉要素満載」なのである。

殺った本人が「自分が殺った」と出頭したにも関わらず、虚言者扱いにされることほどヤクザ・暴力団員として不名誉なことはない。

犯行に使用した凶器は必ず持参する。それを持って自らの罪を証明するのである。

山本英之は手ぶらで出頭した。虚言者扱いにされるという不名誉を承知で手ぶらで出頭した。本物のヒットマンとしては考えられない行為である。

だが、これが替え玉だったとしたらどうか？　犯行に使用した凶器である拳銃という本当の実行犯に結び付く証拠がなくとも、自らが実行犯であると押し通すことが「替え玉としての任務」である。替え玉に、拳銃持参は必要ないのである。

少しややこしくなるが、替え玉であるが故に、疑われることなくスムーズに逮捕されて刑を確定させるためにも犯行に使用した凶器である拳銃を持参して出頭したほうがいいという考え方もあるが、替え玉には「逮捕されることによって、真犯人の逃走をほう助し、当局の捜査をかく乱させる」という大事な任務がある。そのためには、当局が最もこだわる証拠である拳銃を持参しないことで曖昧なままにしておいたほうがかく乱しやすいのである。また、替え玉が拳銃持参で出頭するという手口は、過去にやられ過ぎた感もあるため、当局もあからさまには信用しないという習性が現状ではある。

よって、替え玉の任務は、とにかく自分のことを逮捕させて、その後の取り調べで、拳銃がないことを利用して、例えば「あっちに捨てたっけな?」「こっちに捨てたっけな?」なんてとぼけながら捜査をかく乱させて、真犯人が完全に逃走しきるまでの「時間稼ぎ」が重要になってくる。

山本英之の「手ぶら出頭」は、ヤクザ社会・暴力団業界から見れば「替え玉としての要件」を充分に満たした出頭の仕方だったといえる。

次に、

「その後の取り調べで発見された拳銃の捨て場所がわかりやすい」ことも「替え玉説」を濃厚にした。

犯行に使用したとされる拳銃が、山本英之の逮捕から約6日後に岡山市内の市道から30mだけ入った雑木林のなかから発見されたが、通常、暴力団員が犯行に使用した拳銃を捨て去るさいは、いうまでもなく、発見されないことを第一目的としているので、検索(発見)されにくい川底や海底に沈めるか、拳銃本体を分解して数カ所に点在させて廃棄するか、セメント漬けにして捨てるか、スクラップにして鉄クズ処理を加えて完全に原型を失った状態にしてから廃棄する。

この程度の作業は暴力団員なら朝めし前のレベルであり、基本中の基本として暴力団員なら誰でも把握している内容である。

今回のように市道から30m入った雑木林に拳銃本体と薬莢と弾丸を揃えて捨てるなんてこと

は「見つけて下さい」といわんばかりで、暴力団員としてもヒットマンとしてもあり得ないお粗末さであった。

仮に、山本組員が本当のヒットマンだったとする。彼が仕事を完結させるためには強力な協力者という共犯者が彼と行動を共にする必要があることは前頁で解説した。そして、強力な共犯者がこのようなお粗末な証拠隠滅を許すはずもなければ、こんなにわかりやすい捨て方をするわけもないのである。

しかし、山本組員が替え玉だった場合は、容疑確定に必要な証拠である拳銃を「警察に発見してもらう必要」があるため、あえて、捜査費用のかからない場所、短時間で押収できる場所にわざわざ弾丸まで揃えて拳銃をそこに放置したのだといえる。もしも、証拠となる拳銃が発見されなかった場合は、山本組員が証拠不十分で不起訴になる可能性もあり、また、当局の捜査の手が三代目弘道会や六代目山口組全体に広がる可能性もある。もしもそうなったら「自分ひとりでやった」とする「替え玉」の意味が無くなってしまう。

当局の捜査に対するかく乱行為は、真犯人の逃走時間を稼ぐためで、その要件が満たされれば、替え玉は約束した通りに罪を被って服役しなければならない。

そして、岡山市内の市道から30mだけ入った雑木林で拳銃が発見された日は、山本組員が逮捕されてから約6日後で、それは射殺事件発生日から10日間以上も過ぎており、真犯人が逃走しきるのには充分な時間を稼いだといえる。

そして、古くから中国地方を根城にする神戸山口組直系団体幹部は、

「防犯カメラに映っとったのと、出頭して来た奴とでは、体格が違うっていう話や。身長なんかは一緒ぐらいらしいけどな、骨格の位置が違いよるいう話やで。共犯で捕まった連中も全然違ういうことですぐに釈放になっただろ。どうも本人（山本容疑者）もカメラの映像とは全然違ういうんよな。とにかく、警察も誰かしら逮捕せんと恰好つかんのやろうな。まぁ、何が本当かはようわからんけどな」

と低い声でそう話した。

こういったいくつかの点から、神戸山口組だけでなく、山本組員が所属していた三代目弘道会の上部団体である六代目山口組系列の組員たちからも「あれは替え玉だろ」といわれ続けているのである。

山本英之は、六代目山口組若頭補佐・三代目弘道会渉外副委員長・三代目高山組内山本興業の組員だった。

三代目弘道会は山本英之が逮捕されたあと、山本組員が組員として所属していた三代目弘道会渉外副委員長・三代目高山組内山本興業を解散させた。山本興業の直接の上部団体だった三代目弘道会渉外副委員長・三代目高山組は四代目高山組へと代替わりさせた。

こうして、六代目山口組側では、山本組員と射殺事件当時に人間関係があった者は解散や代替わりによってすべて「解体」されてしまい、「殺ったのか」「殺ってないのか」、まったくもってハッキリしない状況を作り上げた。

この射殺事件が、本当に山本組員の個人的犯行だったのなら、三代目弘道会はこのような「解体」をわざわざやる必要があったのだろうか？

また、たとえそれが山本組員の個人的犯行だったとしても「抗争厳禁」という体制を敷いた状況下で、相手方の大幹部を射殺するという行為は、偶発的な交通事故という不慮の出来事とは違って、まさしく殺意のある殺人行為であり、それは明らかに上部団体の監督不行き届きと言えるのではないだろうか。

山本組員は、その後、被告・山本英之として、殺人罪及び銃刀法違反の罪で起訴され、2016年12月8日に岡山地裁（松田道別裁判長）の初公判で起訴内容は認めたものの詳細については「完全黙秘」した。

裁判中、山本英之被告は、自身の凶悪性を強調して早めに判決を貰って入獄するのが狙いだったのか、射殺状況について「最初に（拳銃を）撃った後に、逃げる幹部（高木若頭）を追いかけて撃った」としているが、それは嘘である。実際の射殺時に、高木若頭が逃げるという行動はとってはいない。

フルフェイスのヒットマンが構えた拳銃に対して、左手で振り払おうとしたところを高木若頭はその手を撃ち抜かれた。そして、そのまま、左肩と左脇腹を撃たれた。4発発射されたうちの1発は逸れた。すぐに自宅から奥様が慌てて出てこられ、ヒットマンはスクーター型バイクに乗ってその場から逃走した。高木若頭は決して逃げてはいない。むしろ、拳銃を振り払おうとしたのだ。

それは、裁判記録にもあるように「射創（発射された弾丸が体内に入る位置やその入り方）や現場の血痕」から容易にわかることである。

その後、山本英之被告は、2017年1月30日、検察側の求刑通りの無期懲役をいい渡されて刑務所に投獄されたのだった。山本英之被告は、獄中で、今、何を思うのだろうか？

所属していた山本興業はもうすでに解散させられている。直接の上部団体だった三代目高山組は四代目高山組に変貌した。こういった点からも、その上位団体の長である竹内照明三代目弘道会会長は渡世の仁義をどのように捉えているのか方々から疑問視され、六代目山口組内部でも「替え玉説」が根強く浸透し続けている。そして、

無期懲役となった山本英之被告はいったい何を背負ったのか？依然として、三代目弘道会は『名乗り』をあげてはいない。

一時、この射殺事件に対する神戸山口組の報復を煽るような記事や文面が多く出回ったが、「曖昧な状況」と「替え玉説」が根強く広まっている状況で、むやみやたらと動くことは決して正しいことではない。

すべてをうやむやにしたのは神戸山口組ではなく、六代目山口組のほうである。『名乗り』がない以上、正々堂々とした喧嘩（本抗争）を起こすことはできない。

神戸山口組は「ヤクザの筋」「渡世の仁義」をその判断基準に据えた。すべてを都合よく煙に巻いて不透明にしているのは六代目山口組である。

『名乗り』を上げるということは何も抗争のキッカケを作るだけではない。

平和的解決の糸口になることもある。

しかし、『名乗り』がなければ、そのどちらも始まらない。

「神戸山口組はなぜ報復をしないのかではなく、六代目山口組はなぜ曖昧なままにしておくのか」

という疑問のほうがヤクザとしては本質的で核心的な考え方であり、また、疑問となってしまうのではないだろうか。

無期懲役となった山本英之被告は、獄中で、何を思い、そして、いったい、何を背負ったのか?

本書においても、

お亡くなりになった高木若頭に追悼の念を示し、心よりお悔やみを申し上げる。

射殺事件後の神戸山口組

高木若頭の射殺事件は、その状況が、曖昧なまま、無情に、時間だけが過ぎた。神戸山口組側の多くの組員たちは本抗争が始まることを覚悟したという。だが、曖昧なままではゴーサインが出せないとして、神戸山口組執行部から本抗争開始の号令は鳴り響かなかった。

「大変、立派な方がお亡くなりになった」

と誰しもがこの射殺事件を嘆いた。そして、

「弘道会が殺ったので間違いない」

と話す者も多かった。

「弘道会以外に殺るもんはおらんやろう」

一連の状況判断からそう言う者も多かった。

実行犯の替え玉説を強調する人たちは、

「よそかもしれん。弘道会は替え玉を用意しただけで、実際に殺ったのは六代目側の弘道会以外のところかもしれん」

と推測をたてた。

「一気にカタをつけないかん」

「このままでは終わらん」

「あっち（六代目山口組）はやり方が汚い」

「ヤクザらしくない」

「あんなもんは絶対に替え玉だ」

「なんで竹内（三代目弘道会会長）がガラをもっていかれへんねん（註・背任の疑いなどで当局に拘束されること）」

「（すべての状況について）わけがわからん」

「号令がかかったらいつでも行ったる」

「（六代目山口組に対して）同じことをしてやる」

「腹はできとる（註・本抗争への覚悟ができているという意）」

さまざまな意見が交差するなか、とにかく、どうしようもない憤りだけが広がった。それぞれがヤクザの本質を理解しているとはいえ、暴力団員としての血気の濃さが、今こそ殺られたら殺り返すという血で血を洗う抗争をするべきではないのか、しかし、できない、というフラストレーションを溜め始めていた。

「曖昧なままでは動いてはいけない」

この一言が、大きな重しのようにのしかかっていた。

山口組再統合計画

六代目山口組の分裂直後から、神戸山口組には、急激に、その名を全国に知らしめたひとりの極道がいた。神戸山口組若頭代行で四代目山健組副組長であった織田絆誠である。

彼は分裂直後から、日本全国の系列団体を熱心に訪問して、全国各地で、分裂後の調整役としてその手腕を発揮した。

ヤクザ社会の重鎮である池田孝志組長が率いる神戸山口組舎弟頭池田組の高木若頭射殺事件

後、その報復行動の有無をめぐって、全国各地の神戸山口組系列の組員たちの間でさまざまな意見が交差した時も、織田絆誠神戸山口組若頭代行が、その意見統一に死力を尽くして、神戸山口組系列の各組をまとめ上げたともいわれている。

当時、織田若頭代行には一大計画があったとされる。それは、分裂してしまった六代目山口組と神戸山口組との「再統合」。

織田若頭代行は六代目山口組との全面的な本抗争よりも、山口組再統合に向けて、血気の勇に走りがちな系列組員たちをなだめ、全国各地で続発している小競り合いが本抗争へと突入しないように気遣っていたという。

この時期、ネット上などでは、織田若頭代行が六代目山口組の幹部と密会していたという話題が多く流れ、こんな時期に六代目山口組の幹部と接触するような者は信用できないという書き込みも多く見受けられたが、その事実の有無は別として、織田若頭代行が、六代目山口組と潰し合いの本抗争をするよりも、再統合に向けて水面下で活発に動いていたというのが本筋のようである。

そして、この頃、織田若頭代行は、その活動資金を神戸山口組舎弟頭である池田組から提供されていたという。

前記したが、分裂直後は、池田組若頭であった高木若頭が、全国各地を行脚する織田若頭代行の活動資金を全面的にバックアップしていた。

高木若頭死去後、一時、混乱状態に陥った全国各地の神戸山口組系列の各団体を再度まとめ上げるうえでさらにその資金が必要となり、その資金の面倒を池田組が担ったとされている。累計額で5億円〜10億円の活動資金が池田組から織田若頭代行に提供されたという。この辺りの金の動きは、やや不透明とされており、それは、その金の使い道が「あやふや」になってしまっていたからである。

この資金の色味、つまり、この資金の本来の目的は、池田組からすれば、高木若頭射殺事件に対する「弔い合戦費用」だったのかもしれないが、その金を預かった織田若頭代行は、結果として、高木若頭射殺事件後の混乱を調整するための活動費に充てたともいわれている。ここがもう「あやふや」である。よくいえば、神戸山口組と六代目山口組の再統合費用に充当したともいい換えることができるが、ここで注目しなければならないのは、織田若頭代行は再統合でいいのだろうが、肝心の神戸山口組・井上邦雄組長を含む神戸山口組執行部の意見はどういうものだったか？　である。

これについて、親分の意見が第一であるとか、子分は従えばいいなどという暴力団的思考回路を持ち出す気はない。

再統合ともなれば、個人プレイでは収集がつかない面も多い。分裂後に、神戸山口組と六代目山口組との間で、死傷者を伴うあらゆる事件が続発しているなかで、団体として、再統合についての意見統一が完了していたのかどうかという点は、実際に再統合をする上で、とても重要になる。

再統合する、だが、文句がある奴はしなくてもいい、というようなやり方は、まともな再統合であるとはなかなかいえない。

再統合をする上では、少なくとも、井上組長をはじめとする神戸山口組執行部はもちろん、各直系組長クラスの合意がなければ、その実現性は極めて希薄になってしまうだろう。

また、織田若頭代行のポジションからすれば、再統合に向けて、神戸山口組の直系組長クラスをまとめあげるだけでなく、兼任している山健組副組長として、少なくとも、山健組内を確実にまとめあげておく必要性もある。

繰り返すが、神戸山口組のひとつの参画団体である四代目山健組内部ぐらいは鉄壁の状態でまとめあげておかなければ、四代目山健組よりも大規模である神戸山口組全体を再統合に向けて一本化することはできない。

もちろん、何事についても、賛成派がいれば反対派もいるわけで、大事なことは、賛成派のほうが人数的にも内容的にも反対派を大きく上回っているかどうかである。

要するに、織田若頭代行は、再統合に向けて、神戸山口組本隊の総意として行動していたのか、それとも、織田若頭代行の一人相撲だったのか、といったところが再統合実現の大きなカギであるということである。

織田若頭代行に対して、神戸山口組舎弟頭である池田組が莫大な資金提供をしていたことから、織田若頭代行の行動は、神戸山口組全体の総意だったという者もいるが、果たしてそうなのだろうか？

もし、池田組からの資金提供の目的が、高木若頭射殺事件についての報復費という意味合いが大きかった場合、織田若頭代行は、表向きは報復を約束しておきながら、裏では、勝手に再統合に向けての準備を進めていた、という解釈になってしまう。

もし、池田組からの資金提供が報復を目的とするものだったのなら、それこそ、神戸山口組の総意としては、再統合許さず、ではなかっただろうか。

結論的には、報復については、神戸山口組は「報復厳禁」の総意を示していたために、池田組から織田若頭代行に渡された莫大な資金の使途目的は、射殺事件後の組織内修復費用や混乱鎮圧費用と捉えるべきであるが、人間の本音というものは、すべてが理屈通りでもなければ公言通りではない。

ともかく、そういった状況下で、織田若頭代行が目指した再統合とはいったいどのようなものだったのだろうか？

たしかに、分裂した六代目山口組が穏便に再統合することは、これまで、山口組という国内最大規模の「菱の代紋」に命を懸けて来た人々がいる以上、やるべきである。

「一枚岩の山口」。この言葉が持つ意味は重い。しかし、組織が巨大化すればするほど、ありとあらゆる考え方や意見が浮上して、仲たがいを起こすことも、組織論的には当然である。

肝心なことは、そもそも分裂状態を招かないことだったが、分裂してしまった以上、今さらそんな話を蒸し返しても遅い。

神戸山口組にも正論があり、六代目山口組にも正論がある。ひとつ悔やまれることは二つの正論をまとめ上げることができる人間がいなかったというだけで、分裂後の今、問題となるのは、まさしく「今、どうするか？」である。

神戸山口組サイドも六代目山口組サイドにも、再統合に向けて、本気で意地になって反対する者はいない、と推測される。

再統合に向けて、最も、ナーバスにならざるをえない部分は「そのタイミング」であったり「その条件」ではないだろうか。

そして、正直なところ、再統合については、

時期尚早、

ではないだろうか。

再統合したい気持ちは神戸山口組系列の各組員や六代目山口組系列の各組員の心中深くにあったとしても、再統合についての役者が揃っていないというどうしようもない現状と実情がある。

それは、六代目山口組若頭である髙山清司若頭が社会不在中（2014年から服役中）という点である。

親分の鶴の一声が最も影響力を持つとされるヤクザ集団なんだから、六代目山口組組長である司忍組長と神戸山口組組長である井上組長の両者が合意すれば、団体のナンバー2格である若頭の意見なんかどうだっていいんじゃない？　と考えるのは、やや浮世離れし過ぎた考え方ではないだろうか。それこそ、序列格付けだけで物事の決定の有無を判断し過ぎた横柄なやり方に陥ってしまうのではないだろうか。

六代目山口組の分裂時、髙山若頭はすでに社会不在だった。その一点だけを見れば、髙山若頭の社会不在時に分裂したので、同じく社会不在時に再統合してもかまわないだろうという時系列均一的なといった物事の見方もできなくはないが、出来事や行動の原理とその意味を考えれば「分裂」と「再統合」とはまったくの別物である。

特に、一度、敵対関係になってしまった両者が、すべてをなかったことのようにして再統合するというのは現実的にはとても難しいことである。

ヤクザらしく「すべてを水に流す」というやり方もなくはないが、それならそれで、なおさら、親分の意見だけでなく、六代目山口組で長男格の盃を持つ髙山清司若頭からも直々に『水に流す』という言質を貰わなければならない。

『水に流す』はできるか？

ヤクザ社会でいうところの『水に流す』とは、その言葉を用いる前に「満場一致」「文句ナシ」という段取りを踏まえてからの『一切を水に流す』である。

また、山口組には、古くから、「挙手による決取り」という決定方法がある。広間に一同に会して、事情と目的について充分な説明があった上で、全員納得したあとに、多数決を取るのである。

この時、少数派の意見は多数決のルールによって押し潰されてしまうが、はじめからそれを踏まえた上で、多数決に従うことを全員が充分に理解して約束した上で、堂々とおこなわれる。

この決取りをするにしても、髙山若頭が社会不在では、やりようがない。代理出席という方法もあるかもしれないが、代理出席については、髙山若頭自身が代理人にすべてを一任すると決めた場合のみで、再統合という議題から考えると、やはり、六代目山口組のナンバー2格である髙山若頭が代理人に一任するとは考え難い。

やはり、髙山若頭抜きでは、再統合はなかなか実現されるものではないのではないだろうか。

こういった状況から、神戸山口組と六代目山口組の再統合は、時期尚早と受け止めたほうがよいと思われるが、そんななかで、織田若頭代行は、いったい、どのような再統合を目指してその準備行動をとっていたのだろうか？

そして、依然として、神戸山口組系列の団体と六代目山口組系列の団体との間で起きる小競り合いの件数だけが全国各地で増え続けた。

織田若頭代行は池田組から得た莫大な資金を、使ったのか、蓄えたのか、よくわからないまま、再統合という言葉を合言葉にして、髙山清司六代目山口組若頭が社会不在のまま、不透明な再統合準備活動を続けたのだった。

その間、神戸山口組系列の各組員たちは、ただ単に、悶々としてハッキリとしない日々を過ごすだけだった。

「もう少し辛抱してくれたらうまくいくからって（織田若頭代行から）いわれても、いつになったらそうなんねん？」

「悪いようにはせんからって、悪いようにしかなってへんと違うか？」
「むこうは高山（六代目山口組若頭）がおらん状態で、何が決まるねん？」
「どないするつもりやねん？」
「ワシらは昨日今日にヤクザ始めたんと違うで（註・分裂後に組員になったのではなく、六代目側から離脱して神戸側についてきたという意味）」

織田若頭代行が遂行する再統合準備行動に対して「織田若頭代行を全面的に信じる」という組員たちのほかに、多くの疑問の声も神戸山口組内部からあがるようになった。

このことは、残念なことに、神戸山口組組長である井上邦雄組長や神戸山口組執行部から、正式に「神戸山口組は六代目山口組と再統合を目指す」という号令が掛かってはいなかったことを意味する。

水面下ではあらゆる話し合いがもたれたのは事実である。そして、織田若頭代行の再統合についての行動は、一人相撲とまではいわないが、織田若頭代行とその周辺者による「駆け引き」の領域であったと位置付けられる。

その駆け引きの矛先は、再統合の相手方である六代目山口組に対してはもちろん、神戸山口組内部に対してもおこなわれていたという次第である。

そして、その行動は、

頓挫した。


織田若頭代行による神戸山口組と六代目山口組との再統合は、見事に宙に浮いたのだった。

髙山清司六代目山口組若頭が社会不在という決定的不利な状況下で、再統合に向けての実現材料が揃ってはいないという状態のなかで、織田若頭代行が再統合という言葉を用いて得た物はいったい何だったのだろうか？

織田若頭代行が、たとえ、それが駆け引きであったとしても、再統合に向けて行動を起こしたことは事実である。

そして「再統合という理念と目標」は、相手と揉めたり、相手を征服するばかりの暴力団業界のなかでは、とても柔軟な理念と建設的な目標であり、それ自体は紛れもなく称賛に値する部分も多い。

山口組は一枚岩でなければならない。分裂騒動のなかで、敵対色ばかりが強まる傾向にあった現実下において、再び、一枚岩の山口組を築こうとしたことについては、神戸山口組内部や六代目山口組内部だけでなく、多くの山口組関係者からも称賛を得るだろう。

しかし、その時期が、まだ早かった。状況的に、時期尚早だった。博打でいえば「張るにはまだ波が来てなかった」というところではなかったのでないだろうか。

すべては、織田若頭代行が言葉通りに本気で神戸山口組と六代目山口組の再統合を目指していた場合についてのみの話ではあるが。

このように、神戸山口組内部では、さまざまな出来事を通して、各組員がそれぞれに自問自答を繰り返したり、素朴な疑問を投げかける時期が続いていたが、それは内部情勢であって、対外的な部分については、六代目山口組から分裂した時のままの爆発後の爆風のような勢いが続いていた。

依然として、全国各地では、神戸山口組と六代目山口組との間で小競り合いが頻発しており、また、神戸山口組については、六代目時代以上に、他団体との義理事や付き合いも活発化している。

射殺事件後の六代目山口組

高木若頭射殺事件後も、六代目山口組は全国各地でさまざまな暴力事件を引き起こしている。

２０１６年８月には、宮城県仙台市内の繁華街で、神戸山口組内四代目山健組系列の組員を襲撃したとして、傷害の容疑で六代目山口組若頭補佐（当時／現本部長）大同会の幹部や組員たちが逮捕されている。また、この事件では、大同会側からの襲撃に対して反撃した四代目山健組系列の組員も同容疑で当局に逮捕されている。

同年9月には、兵庫県姫路市内の民家に拳銃5丁や散弾銃1丁を隠し持っていたとして、六代目山口組幹部（当時／現若頭補佐）二代目竹中組・安東美樹組長及び5人の二代目竹中組組員らが銃刀法違反（加重所持）容疑で兵庫県警薬物銃器対策課によって逮捕された。

その後、安東組長以下数人の組員たちは不起訴処分となったが、1名の組員が懲役刑に服することとなった。

同年10月には、和歌山県和歌山市内で「北の新地」や「アロチ」と呼ばれる和歌山市内の中心的繁華街で、六代目山口組幹部（当時／現若頭補佐）である倉本組系列の組員らが、神戸山口組内四代目山健組若中五代目紀州連合会会長を口論の末、撲殺した。

この事件から18日後には、現場から逃走した倉本組組員らが続々と傷害致死容疑で当局に逮捕され、その後も逃走中だった倉本組幹部らも逮捕されて、この事件で逮捕された倉本組組員は合計で10人以上にも及んだ。

列記した事件は、数ある暴力団事件のなかでも氷山の一角でしかなく、六代目山口組の分裂後も、全国各地で、六代目山口組系列の組員たちが起こす暴力事件の件数は数限りないが、注目すべきは、暴力事件を起こした六代目山口組の直系団体が事件後に昇格しているという点である。

これが分裂前なら、特に直系団体が際立った暴力事件を起こすと、即降格、時には、破門という重い処分が下されたが、

分裂後に、同類の暴力事件を起こすと、昇格するのである。


前記した事件内容から、大同会は若頭補佐（事件当時）から本部長に昇格し、二代目竹中組は幹部（事件当時）から若頭補佐に昇格して執行部入りし、四代目倉本組も組長付きや幹部（事件当時）から若頭補佐に昇格して執行部入りを果たした。

分裂前の昇格人事といえば、司忍六代目山口組組長が長らく社会不在であったために、高山清司若頭の意向が強く反映されていたが、分裂後は、多少のタイムラグはあったにせよ、出所した司六代目とほぼ入れ替わるかたちで高山若頭が入獄したために、分裂後のほとんどの昇格人事には司六代目自身の直接的な影響力が濃厚に及んでいるといえる。

分裂前と分裂後では、同じような暴力事件を起こしても、その待遇裁きに大きな差があり、繰り返すが、分裂前なら降格されるか破門になるところが、分裂後は昇格してしまうのである。

いいかえれば、分裂前なら、瞬く間に降格人事で処分されていたのに、分裂後には、昇格し

て、組の面舵を担う執行部入りも可能になってしまったのである。

こういうことは、分裂前には絶対になかったことであり、そして六代目山口組が分裂後に大きく変わったことを具体的に示しているといっても過言ではない。

さらに解説すれば、名古屋方式という高山清司若頭体制だった六代目山口組が、司忍組長による六代目体制にようやく成り代わったというところではないだろうか。

たしかに、司組長出所後も、当時の六代目山口組内に蔓延していた名古屋方式というやり方が即座に変わることはなかった。それも含めて、それまで水面下で蠢いていた分裂準備活動がマグマの噴火のように一気に上昇して爆発したわけだが、長期刑によって長く社会不在を余儀なくされていた老体の司組長が、六代目山口組内の実情を把握して、適切な改善策を組み立ててそれを実践するまでには、多少の時間がかかってしまうのは当然といえば当然である。

現在の六代目山口組は、司六代目の出所と高山若頭の入獄、そして、トップクラスや系列組員たちの離脱や神戸山口組の誕生を経て、ようやく、名古屋方式と呼ばれた高山若頭体質の組織から脱却して、

司忍六代目山口組組長の血が通った本来の六代目山口組の性格を持つようになった。

のではないだろうか。同じことをやっても、前ならクビにされていたのに、今では昇格するというのは、本当に大違いである。

六代目山口組の『進化』ともいえるこうした変化は、内部に対してだけでなく、対外的にも大きな変化を見せている。

六代目山口組は、六代目発足当時から「盃外交」といわれる対外工作を得意とする一面を持っていた。

方々の独立組織の後見人になるなどして、六代目山口組は他組織への影響力を強めた。こうすることで、六代目山口組は、抗争をせずとも、大手を振って他所の土地を歩くことが可能となった。

よくも悪くも、六代目山口組が暴力団業界全域に渡って強い影響力を持つようになった。そんな矢先に、司組長が逮捕収監されて社会不在となってしまった。

盃外交によって、六代目山口組の対外基盤を築いたのは、紛れもなく、司組長であるが、司組長が社会不在中にその基盤の上で踊ったのが髙山若頭であった。

よって、髙山若頭色というものは、六代目山口組内部にだけでなく、対外的にもその色が存在するようになった。

ハッキリいって、司組長が社会不在中に、六代目山口組に義理事でやって来た他組織の人々は、塀のなかにいる司組長よりも、目前にいる髙山若頭との付き合い方に神経を張るのは当然のことである。

それがやがて、六代目山口組の対外関係を髙山色に染めていったのである。六代目山口組内部はようやく司組長体制に落ち着きつつある昨今、六代目山口組は対外的にも、いわゆる、司色を醸し出し始めた。

六代目山口組は中四国地方に存在する老舗暴力団の後見人をしている。中四国地方の親睦団体である五社会（1996年から共政会・侠道会・浅野組・合田一家・親和会の5つ団体で結成された中四国の地域を中心とした親睦会）にも所属しているその老舗暴力団は、六代目山口組からの後見を得ているだけでなく、神戸山口組の井上組長とも兄弟付き合いもしている。

六代目山口組の分裂前から、そういった状況になっており、分裂後もその関係が続いていた。この関係について、どっちつかずであるとみなす人もいるが、当事者である老舗暴力団にいわせれば、分裂は山口組の都合であって、そのこと自体はこちらには関係ないという理屈である。よって、この老舗暴力団は六代目山口組とも神戸山口組ともそれまで通りの付き合い方をしていた。それはそれでいい。

六代目山口組の分裂によって、この老舗暴力団が本拠地としている中四国地方の山口組分布図に変化が生じて、それまで、ひとつだったものが、六代目山口組サイドと神戸山口組サイドの2種類になった。

この老舗暴力団は、それまで通りの付き合い方でいくとしながらも、中四国地方の各団体との付き合い方を変えた。要するに、名古屋（六代目山口組本隊）と神戸（神戸山口組本隊）との付き合い方についてはそれまで通りでも、中四国地方（各直系団体や五社会）に対する付き合い方を変えた。

神戸山口組系列の組員たちに対しては「うちは井上さんと兄弟付き合いをしている」と前置きして大きな顔をし始めた。

六代目山口組系列の組員たちに対しても「うちはおたくの上に後見されている」と前置きして横柄な態度を取り始めた。

五社会については、もともと五社会では親睦団体同士といえども他所のシマ内に入る時は前もってそのエリアの担当者に挨拶がてら事前連絡を入れる決まりがある。これは無意味なトラブルを回避するための制御装置のようなもので、五社会の間では古くから定められている。組員が私用で飲みに行く程度のことでも、友好の証として事前連絡が義務付けられている。いってしまえば、電話一本入れるだけなので、所作的には簡単なことであるが、この老舗暴力団は、それすらしなくなった。そして、他所の飲食店内などで、平気で喧嘩騒ぎを起こす。

そして「うちは名古屋とも神戸とも付き合いがある（中四国地方では唯一の存在）」と吹聴する

のである。

盃や義理の順でいえば、五社会が先にあり、この老舗暴力団にとっての名古屋や神戸との付き合いは、五社会の二の次でなければならない。

しかし、実情は、五社会よりも、この老舗暴力団にとっては名古屋や神戸との付き合いのほうが重いようである。

先にも触れたが、これでは、盃や義理の順が間違っており、暴利追求だけの暴力団ならそれでもいいが、仮にも、この老舗暴力団が、ヤクザとも呼ばれて、任侠道を掲げるのであれば、その現状は完全に間違っているといえる。

この老舗暴力団は、昨今、地元市民からも「あそこはヤクザやのうて、愚連隊じゃけぇ」といわれている。

そして、2017年7月をもって、六代目山口組はこの老舗暴力団への後見を辞めたのだった。

盃外交を得意としていた六代目山口組が、この老舗暴力団の後見を辞めたことは、六代目山口組が渉外面で大きく変わったからであるといえるのではないだろうか。

六代目山口組が後見を辞めたことについて、暴力団業界では、結局、あそこ（老舗暴力団）が名古屋と神戸の両方にいい顔してどっちつかずだったからじゃねぇか、とも囁かれてはいるが、実のところは、この老舗暴力団と五社会との状況も加味されて、この老舗暴力団の現状は任侠道にあるまじき行為が多分に見受けられるとして、六代目山口組は後見を辞めたという次第である。

名古屋方式が蔓延して、任侠精神が失われかけていた頃の六代目山口組と現在の六代目山口組は大きく違う。

昨今の政治情勢や六代目山口組の組員数の低下もあって、いわゆる、団体としての体力は抑止されて削られているとはいえ、その精神面は、今の六代目山口組は司組長の性格とその色合いが強く滲んだ団体へと進化したのではないだろうか。

今にして思えば、もしも、六代目山口組がずっと司忍六代目組長によって直接舵取りが行われていたら、六代目山口組は分裂しなかったかもしれない。

六代目発足後ほどなくして、司六代目は、銃刀法違反で懲役6年（未決拘留8カ月／服役期間5年4カ月）の刑に服した。

組長不在となった六代目山口組では、時のナンバー2格であった髙山清司若頭が組長不在の山口組を預かるかたちで本格的に組のリーダー格としてその手腕を発揮し始めた。

司組長が社会不在中だった約6年の間に、六代目山口組内ではあらゆる騒動が起きた。もしも司組長が長期服役することなく、シャバに居続けていたのなら、六代目山口組は今とは違う歴史を歩んでいたのかもしれない。

だが、各人の想いや思惑とは裏腹に、分裂という事実だけが、すべてをなぎ倒すかのように重く横たわり、六代目山口組と神戸山口組は当局からも「敵対抗争中」の認定を受けて、血気盛んな系列組員たちによる小競り合いが全国各地で多発した。

再統合に呼応した六代目山口組幹部

そんななか、神戸山口組と六代目山口組の再統合に向けて、その駆け引きをおこなっていた神戸山口組若頭代行・織田絆誠に呼応するかのように、六代目山口組サイドで再統合にむけて動いていた人物がいるという。

ある事情通によると、その人物とは、竹内照明六代目山口組若頭補佐・三代目弘道会会長であるという。

竹内若頭補佐といえば、生粋の弘道会育ちで、七代目山口組組長候補としてその名が週刊誌などでも度々浮上する人物である。その存在は六代目山口組執行部内にも強い影響力があるといわれている。

その竹内若頭補佐が、六代目山口組と神戸山口組の再統合について、神戸サイドの織田若頭代行と密かに連絡を取り合っていたのだという。

たしかに、竹内若頭補佐といえば、分裂直後、神戸山口組の入江副組長に直接連絡を入れて六代目山口組に戻って来て欲しいと再三話していたとされる。

竹内若頭補佐個人が六代目山口組の分裂直後から、分裂を肯定して神戸山口組との敵対関係を決定付けようとしていたわけではないようである。むしろ、分裂には反対という立ち位置であった。

分裂後の六代目山口組の定例会でも、ほかの直系組長たちに対して、神戸サイドとの交戦を禁じて「喧嘩はすべて弘道会が引き受ける」として六代目山口組全体を抑制して本抗争突入を回避したようである。

竹内若頭補佐が六代目山口組と神戸山口組の再統合に向けて動いていたといわれればたしかに納得がいく点も多い。

だが、三代目弘道会の関与が濃厚と目されている神戸山口組舎弟頭池田組の高木若頭射殺事件についてはどう受け止めるべきだろうか？

公的には射殺事件について三代目弘道会の関与はなかったとされてはいるが、被害者となった高木若頭と実行犯である山本組員の間で、それまで、一切面識がなかったことからして、神戸山口組だけでなく、暴力団業界全体からも「あれには弘道会が関わっている」と目されている状況は、三代目弘道会の会長でもある竹内若頭補佐とっては、説明し難い限りではないだろうか。

もしかすると、分裂後に起きた神戸山口組舎弟頭池田組の高木若頭射殺事件の結末が実質的に曖昧なのは、分裂後の混乱状態のなかで、三代目弘道会内部の好戦派と再統合派の意見がまとまらないなかで、一部の好戦派によって強行されたものが、再統合派とのしのぎ合いのなかで闇に葬られるというかたちで曖昧化してしまったのだろうか。

六代目山口組サイドでは、高木若頭射殺事件について、故人を偲ぶ声はあっても、射殺事件について独自の意見を述べる者すらいなかった。

「あれは、山本いうんの個人的犯行や」

「殺った奴は、かなりの借金タレやったらしいで。金で揉めたんちゃう?」

「弘道がやったんなら、なんで、サツが竹内さんをパクらんねん?」

「いろんなことがあるわな」

「亡くなった方は可哀そうやとは思うけど、ワシらもヤクザやしな」

誰もが、この件にはあまり関わりたくない、といった感じで、ひとことふたことをポツリと発する程度であった。

だが、誰ひとりとして「弘道会が指揮をしてはいない」とハッキリという者もいなかった。

もしかすると、この射殺事件は、六代目山口組というよりも、三代目弘道会のタブーとされているのではないだろうか。周りはそこに気を遣うかたちで、この件にはあまり触れたくはないとなっているのだろうか？

それは、単なるタブー隠しなのか？　それとも、神戸山口組と六代目山口組の再統合を見据えてのことなのだろうか？

神戸山口組内では、織田若頭補佐は再統合という言葉をエサにして、竹内若頭補佐から数億円もの再統合準備金を受け取ったらしい、といわれている。

もしそれが本当なら、織田若頭代行は、神戸山口組の池田組から、数億円を受け取り、そして、六代目サイドの竹内若頭補佐からも数億円を戴いたことになる。

金はいくらあっても困る物ではないとはいえ、一応は敵対関係にある神戸山口組と六代目山口組の両方から大金を受け取ることと再統合とに、いったいどういう因果関係があるのだろうか？

一般的には、こちらから貰った金をそちらに配って、相手を買収したり、四角い話を丸くしたりするものだが、こちらとそちらの両方から金を貰って、いったい、誰に金を配るのだろうか？

少し分かり難いが、仮に、こちらでもそちらでもない第三者的存在に金を使うと仮定してみても、わざわざ両方から貰わなければならないほどの大金が必要だったのだろうか？

そして、織田若頭代行の再統合計画は、頓挫した。

池田組から受け取った大金と竹内若頭補佐から受け取った大金の両方の総額は、いったい、どこに消えてしまったのだろうか？

さらに、竹内若頭補佐が織田若頭代行と水面下で結託して六代目山口組と神戸山口組の再統合を本気で目指していたとするならば、それもまた、残念ながら、織田若頭代行の頓挫とともに破綻の道へとつき進んで行ったのだった。

第2部

分裂で歪みだした暴力団社会

割れた山口組、離れていく若者たち

六代目山口組の分裂以降、新団体・神戸山口組の誕生により、全国の暴力団業界におけるパワーバランスに変化が生じたといわれている。

しかし、状況は、大前提として、暴対法（1991年～）や暴排条例（2004年～各地域にて随時）などの法整備によって暴力団は厳しい立場に追いやられており、資金源の獲得なども暴力団業界全体として年々難しくなる一方である。

法律的環境と日常的環境の両方で「やり難く」なった日本中の暴力団員たち。よくも悪くも新たに暴力団に加入する若者が激減したとまでいわれている。

そもそも暴力団員は○○組や○○会に所属しているとはいえ、社会的には「無職の人」である。

実のところは、路上生活者やニートたちと社会的立場はそう変わりはない。そして、暴力団に加入したからといって、月給や日当が貰えるとは限らない。

例えば、組長が飲食店などをすでに開業している暴力団組織に加入した場合、いいかえると、組長が暴力団の長であると同時に飲食店の社長でもあるという場合、組員はその飲食店を手伝うことで月給を貰えることはある。これは組員であると同時に飲食店店員というケースであり、正当な労働に対する正当な給与として受給できる。

暴力団業界は、ただ単に暴力団員になったからという理由だけで給料を貰えるという世界ではない。

もっといえば、組長の飲食店を手伝ってはみたが、カタギの社員やアルバイトではなく組員だということで無償で働かされたなどというケースもある。

要するに、暴力団員がお金を稼ごうとすれば、とにかく何かしらの起業をして自分で稼ぐか、暴力団に所属した状態のままでどこかしらの会社に勤めて働くという方法しかない。

妻や彼女に生活の面倒を見て貰うというケースもあるが、そういう類はここでは例外としておく。生活保護を毎度詐欺って不正受給するという手口もあるが、それもまたここでは例外とする。

若い人たちや、暴力団のこういった実情を知らない人たちは、暴力団と聞けば、メルセデスベンツに乗って、ブランドのスーツを着て、皮の財布にはいつも100万円ぐらいが入っていて……と成金イメージが先行して、とりあえず暴力団員になればいい暮らしができるはずだと思って準構成員（正式な組員の一段階前）になるようだが、その段階で「ザ・無職」という暴力団員たちの苦労を知って、間違っても暴力団員になることはないと頑なに誓って一般社会に戻っていくケースも多い。今時、暴力団員として苦労して生活しようという若者は皆無である。

暴力団員になったからといって、それだけで即座に起業して社長になって収入を得られるということはなく、そういったビジネス感覚や商才というものはカタギの人たちと同じ土俵の上に立っているといってもいい。よって、暴力団員でも、どこかの会社に勤めて働いている者も昔は多くいた。

建築現場、工場、飲食店など、労働者人口が多い業種にカタギの人たちと一緒になって働いていた。大型免許や二種免許を取得して砂利トラックやタクシーの運転手をしている組員たちも結構いた。

しかし、暴排条例の施行により、暴力団員を雇用すると雇用者にも何かしらの規制的責任が発生するようになってから、暴力団員の一般的な勤務先がゼロになった。こうなってから、食っていけない暴力団員が続出した。

生活のために、暴力団員を辞めて、もともと勤務していた会社に再雇用して貰った元暴力団員も多い。その道の先輩たちがこういう選択をするぐらいなので、若い人たちは、もう最初から暴力団に入ることを好まなくなった。

その代わり、とにかくいい暮らしがしたいという願望だけで、オレオレ詐欺組織に加入したり投資詐欺集団に加わる若者たちが急増している。

ある不良高校生が「儲かるバイトがあるから」と不良仲間に誘われてオレオレ詐欺組織の末席に加わった。彼は、出し子（詐欺被害者に送金させた金をATMから引き出す係）をやるようになった。その後、彼は警察に補導されたさいに「オレオレ詐欺だとは知らなかった」と話したが、そんなはずはない。高校生にもなれば、周辺にいる人物たちの様子や会話内容から「この人たちがどういう連中で、自分がやっていることが何なのか」ぐらいは理解できる。

あちこちのATMから現金を何度も引き出して、その度に、高額なアルバイト料を受け取っていれば、自分がオレオレ詐欺のメンバーになっていることぐらいすぐにわかったはずである。だが、彼は「知らなかった」と警察にシラを切り、特殊詐欺の世界に戻って行ったのである。

こういった不良青年は、ひと昔前なら、もしかしたら、準構成員として暴力団事務所に出入りしていたのかもしれない。そして、数年たって、その組の組員になっていたのかもしれない。

暴力団員もよく犯罪を犯すが、暴力団員の場合は、所轄警察に登録されている上に、看板を掲げた暴力団事務所もあるので、詐欺師たちのように、居場所がわからない、という消息不明状態や音信不通状態になることはないので、犯罪を犯せばかなり高い確率で警察に逮捕されてしまう。

「暴力団よりも詐欺師を捕まえるほうが手間がかかる」とため息交じりで話す刑事もいるぐらいである。

詐欺師の事務所に乗り込んでも、もうすでにもぬけの殻だったというパターンがよくあるが、暴力団事務所がもぬけの殻だったという日はない。

もし、彼がオレオレ詐欺組織に加入せずに、暴力団組員になっていたとしたら、彼が犯す犯罪の犠牲者はもっと少なくて済んだのかもしれない。

しかし、彼は詐欺師の道を選んだ。その理由は「儲かるから」。そして「捕まりにくいから」である。

法律や条例の効力で暴力団が衰退すると、町の不良青年たちは「金欲しさ」にオレオレ詐欺組織などの特殊詐欺集団に加入するようになった。

人員補強によって組織化された特殊詐欺集団は、日本全国で年間数百億円規模の被害を起こしている。

当局の懸命な捜査によって逮捕者数も着実に伸びてはいるが、暴力団とは違って、いつだってどこまでも逃げてしまう詐欺師たちの被害にあって、人生を不本意に変えさせられた被害者たちは後を絶たない。

社会的に考えれば、社会悪とされる暴力団は消えて無くなったほうが社会の健全性のためである。しかし、世のなかの犯罪防止と発生した犯罪に対する検挙率や逮捕率の向上と確実さという面から考えると、ヤクザや暴力団がある一定の存在感を示していたほうがよいのではないだろうか。

暴力団を擁護するわけではない。もちろん、世のなかに多大な迷惑と被害を与えた暴力団員たちもいた。

しかし、「暴力団に入るよりも詐欺師になったほうがいいぜ」と成人前の不良青年たちが当たり前のように話す世のなかが完成しつつある今の時代について、私たちはもう一度真剣に見直す必要があるのではないだろうか。

「ヤクザ」「暴力団」の在り方が急激に変化し始めた環境のなかで、日本最大の暴力団「六代目山口組」が分裂したのが２０１５年８月。

分裂前からの社会情勢の変化に追いつけずにフラフラになっている暴力団員たちも多いなか、「分裂」というさらなる環境変化を加えられて、もうヘベレケ状態になっている暴力団員たちも多くいる。

六代目山口組の多くの組員たちは山口組が分裂するということを知らなかった。神戸勢力による六代目山口組からの離脱行動は、一部の人物たちによって準備されて実行された。

神戸山口組の執行部におさまったメンバーたちは、離脱について事前に各組員たちに意思確認をしていない状態でも、六代目山口組内における三代目弘道会の理不尽なやり方に異論を持つ多くの組員たちが必然的に離脱に加わると推測し、実際に大分裂という現象を起こして、多くの組員たちが神戸山口組に所属するようになった。

分裂当初、報道機関は、過去、山口組を離脱後に解散に追い込まれた一和会（1984～1989年）の末路を例に挙げて、この度の離脱組である神戸山口組の劣勢を予期するような記事を乱発したが、分裂によって、六代目山口組内から相当数の実力者が離脱したことによって、実際のところは、六代目山口組のほうが形勢不利という状態だった。それを示す象徴的な騒動をここに記す。

ある芸能プロダクション社長と司興業の悲劇

それは関東のとある企業の事業にまつわる騒動だった。その事業に出資をしていた大手芸能プロダクション社長A氏は、事業達成に向けて、追加資金の調達をおこなった。そのさい、ある別会社の某社長B氏とトラブルを起こした。

B氏はA氏がのめり込んでいた事業の事業主だった企業の株券を保有していた。

その企業はすでにA氏の事業資金投入によって従属状態になっていたが、事業達成後の利益をA氏が独り占めにするためには、このB氏が保有している株券を独占所有する必要性が発生した。

一度は、約10億円でA氏がその株券を買い取る運びとなったが、株券の売買契約の準備に入ったところで、突然、A氏がその株券を「偽物」とみなして、売買契約を一方的に破棄したのだった。

売買契約を一方的に破棄されたB氏は、正当な理由なき横暴な行為であるとしてA氏に対して猛抗議を開始した。

この騒動は、数年間に渡って繰り広げられ、また、事業自体も、初期の資金調達時期から数えると10年間以上も頓挫しており、にっちもさっちもいかないドロ沼状態に陥った。

しかし、B氏の抗議は当然ではないだろうか。A氏が、株券の買い取りを断念したこと自体は別に問題はない。買うこともあれば買わないこともある。しかし、自分の都合で株券の買い取りを一方的に中止にしたにもかかわらず、その理由を「株券が偽物だから」とするのはいかがなものだろうか。

そんな嘘を吹聴すれば、株券を保有していたB氏の社会的信用問題にもなりかねない。嘘の株券を売却することは立派な詐欺罪である。株券が偽物だということはB氏のことを詐欺師だといっているのも同じである。こんなに酷い取引中止の仕方があっていいのだろうか？　B氏がA氏に対して猛抗議するのは当然である。

自らがついた酷い嘘のせいでB氏から猛抗議を受けて困り果てたA氏がこのドロ沼騒動の解

決策を練った結果、いわゆる、「ケツモチ」という立場の人物が騒動の仲裁役としてB氏と話をつけるために現れた。

ケツモチというのは、よくいえば、私設警護人とかトラブル処理人であり、このA氏は暴力団をケツモチとしていた。

そもそもこのA氏の率いる大手芸能プロダクションは、過去に暴力団とトラブルを起こして自社の窓を暴力団員に発砲されたり、自社に所属しているタレントが暴力団幹部たちと会食やゴルフなどを繰り返すなどして問題になったりと、古くから暴力団業界と親しい間柄の芸能会社である。

そして、今回の騒動についてケツモチとして現れた暴力団は、六代目山口組若中三代目司興業（森健司会長）だった。

三代目司興業は愛知県名古屋市内に本部を持ち、三代目弘道会の舎弟頭補佐から六代目山口組若中に昇格（2015年）した団体である。そして、団体名からもわかるように、司興業は司忍六代目山口組組長の出身団体（1964年に司忍によって設立）でもある。

六代目山口組内では、三代目弘道会と並ぶほどの組織内影響力を誇示している三代目司興業は、いうまでもなく、三代目弘道会と共に六代目時代の名古屋体制の屋台骨を担っていた。

分裂前の当時、六代目山口組の芸能利権を一手に任されていたのが森健司会長率いる三代目司興業であり、芸能活動がさかんな東京エリアで三代目司興業はその活動を活発化させていた。

芸能界と暴力団というと、引退後の組長の執筆本などが話題となった後藤組（六代目山口組舎弟／2008年に解散）がその主たる存在としてそれまでは有名だったが、後藤組の解散後、その後釜に居座るように三代目司興業が芸能界で強く幅を利かせるようになっていた。

A氏がついた酷い嘘から始まったこの騒動の火消し役として、三代目司興業が出て来ることは、当時としては、なんら不思議はなかった。

六代目山口組という日本最大の暴力団の恐ろしさを背景にして、しかも、そのなかでも、飛ぶ鳥を落とす勢いで活発化している三代目司興業が出てきたとなれば、自分に向けられた猛抗議もピタリとおさまるだろうとA氏はタカをくくっていただろう。そして、三代目司興業自身も同じように、うちが出れば話はつく、と予測していただろう。

しかし、彼らの期待と予想に反して、B氏からの猛抗議は一向におさまることなく、むしろ激化したのだった。なぜなら、

六代目山口組が分裂していたからだ。

分裂によって多くの実力者や顔役クラスが離脱していた六代目山口組に分裂前のような実力

はもう無かった。六代目山口組を実力行動の裏付けとしていた三代目司興業の権威も六代目山口組の分裂による勢力縮小と正比例して急下降していたのだった。

もともと約10億円の取引内容だったこの株売買は、三代目司興業が交渉することによって、A氏の我を通して取引中止とする腹づもりだったが、激化した抗議の果て、なんと、三代目司興業が、A氏に成り代わって、株券の売買価格である約10億円を用意することとなった。

六代目山口組の分裂によって、まとまる話もまとまらなくなり、このように、山口組の歴史のなかでも前代未聞レベルの状況が出来上がってしまったのだった。

分裂前なら、某社長もそこまで抗議を激化させることもなく、ある一定の条件を定めることで、早急に、両者和解という結末をむかえていただろう。

しかし、分裂後は、抗議はさらに激化して、ケツモチである三代目司興業が約10億円を肩代わりするという暴力団業界の常識を覆す状況となったのであった。

三代目司興業が、まだ三代目弘道会舎弟頭補佐だった頃から芸能利権に絡むようになっていた三代目司興業は、多くのタレントたちに、三代目司興業組長自ら名刺を渡して「何かあった時は相手にこれを見せろ」といって彼らのことを手懐けて来た。そして、ケツモチとして物事の交渉にあたる時は「六代目の意向だ」「名古屋の意向だ」という言葉を口にして相手を捻じ伏せて来た。

しかし、分裂後は「六代目の意向だ」といえば「分裂したんだよな」といい返され、「名古屋の意向だ」といえば「だから何だよ？」と相手にされない状況となってしまった。そして、「ノコノコと間に入って来て、テメェなんかに何ができるんだ？」といわれて、売り言葉に買い言葉で、三代目司興業が株取引に必要な約10億円を用意するハメになったのであった。

こういった場面で、六代目山口組の分裂というものが、こういうカタチでここまで影響してくるとは三代目司興業自身も夢にも思ってはいなかっただろう。そして、三代目司興業としては、引くに引けない状況となった。

騒動の中心地が関東圏内ということもあって、関東エリアの六代目山口組組員はもとより、神戸山口組組員たち、そして、多くの関係団体や関係者たちが、三代目司興業が約10億円もの大金を本当に持って来るのか？　と注目した。しかし、

三代目司興業は、1円も持って来なかったのだった。

常に臨時集金をして各直系団体から一度に合計数千万円以上もの大金をかき集めていた六代目山口組の分裂前なら、その集金の舵取りをしていた名古屋派の重鎮である三代目司興業なら、

約10億円を工面できていたのかもしれないが、多くの実力者や顔役が離脱してしまった分裂後では、臨時集金もままならず、約束の金を用意することができなかったのであった。

大手芸能プロダクション社長A氏と別会社の某社長B氏との間では硬直状態が続き、騒動の原因のひとつであった企業の事業も塩漬け状態となって、この騒動に関わった誰しもが腰砕け状態で、どうにもならない状況だけが残った。

そして、

三代目司興業は、東京はもとより、関東圏からその姿を消したのだった。

六代目山口組の分裂前なら、こんなブザマな結末にはならなかったはずだ。だが、分裂後はこの通りである。六代目山口組にとって、分裂は、とてつもない痛手だったということがハッキリしたのだった。

これは余談だが、芸能プロダクション社長A氏を中心にして起きたこの騒動は、その関係者によって、本書とは違うアプローチの仕方で、某出版社から一冊の本として発刊された（2017年）。その発刊直後に、その本を出版した某出版社の本社ビルの前で、某右翼団体の街宣車がその本の出版と本の内容についての街宣活動をおこなった。また、その出版社の社長の自宅前でも同一の右翼団体による街宣がかけられた。精神的苦痛を感じた社長が警察に相談して、この街宣はいったん鎮まったようである。

どういった経緯で、この右翼団体がその出版社やその社長宅前で街宣活動を行ったのかは分からないが、芸能プロダクションのA氏が裏で指揮をとって街宣活動が行われたという黒い噂も広まっており、この騒動は、関係者はもとより芸能界のなかでも、ドロ沼化していくだろうと予想されている。

間違った盃の上に任侠の道なし

マスコミでは、分裂後に急増加した六代目山口組から神戸山口組への組員たちの移籍について、それは説得や勧誘といった「切り崩し工作」によるものばかりであるかのような報道しかなされなかったが、実際は、こういった騒動での三代目司興業の失態を知って、神戸山口組へ移籍した六代目山口組系列の組員たちも多くいた。

分裂後、神戸山口組では、澄田会　英組、大門会、太田興業、山川組、誠会など多数の団体が、名門復活、再編復活を遂げた。また、分裂してから約1年後には、抗争厳禁状態のままで

「三代目弘道会以外の六代目山口組の各団体との付き合い方は、それぞれの各団体と個人の判断に任せる」という通達も発せられ、各組員たちの緊張状態を和らげる方針が敷かれた。

分裂直後、移籍や離脱による組員の減少で事務所当番をする組員の確保もままならなかった六代目山口組の各団体に対して、神戸山口組のほうは、自発的に事務所当番などの組の日常運営をする者たちが多く、結論からいえば、神戸山口組は活気づいていた。

全国各地で六代目山口組系列の組員たちとの小競り合いも多発し、それに伴って、逮捕者も続出したが、依然として、六代目山口組からの移籍者数の増加を維持し続けた。

六代目山口組から神戸山口組に移籍したある組幹部は、

「前は、名古屋のほうやそっちと親しい連中が幅を利かせて、シノギは取られるし、でも、金はよこせといわれて、随分とエゲつないことになっとったが、もうあいつらと付き合う必要がないとなれば、まぁ、いくらか気楽にはなったなぁ」

と心の内を穏やかに話した。

なぜ、そこまで名古屋関係に幅を利かせられていたのか？　という質問に対しては、

「ヤクザいうんは、喧嘩の強い弱いだけでは決まらんところがあるんや。盃いうもんがあってな、親分や兄貴のいうことはよう聞かなあかん。上の方で（格上の盃、組織上の役職上位）、名古屋色が強まれば、自然と名古屋の連中の意見が強くなるもんやろう。喧嘩の強い弱いだけやない

んよのぅ」

と解説してくれた。

神戸山口組は、六代目山口組から離脱をしたことで、マスコミからは「逆縁」「掟破り」といったいわれ方も分裂当初はされていたが、たしかに、人の縁として離脱行為を捉えれば、それは逆縁といわれてもしょうがない節もある。

しかし、ひとりの親分を頂点とした一枚岩の歴史を持つ山口組とはいえ、直系組長たちは、現実的には、ひとりひとりが大親分クラスであり、１００年の歴史を持った実際の六代目山口組の人員構造は、各地の大親分たちが集まった集団だったといえる。

組織としては各位が同席同列形態をとる連合体や連盟体ではなく、ひとりの組長をトップとしたピラミッド型の組織運営方式を築いてはいたが、そのなかであっても、物事を現実的に見て、方向性の違いによって、各大親分たちが別れたことは、決して、掟破りではない。それを掟破りだということは、理想論にも満たない、現実を無視した机上の空論を無理矢理に実践しようとすることと同じ領域からの発想ではないだろうか。

盃というものは、親分が子分を操ったり、いうことを聞かせるための原因と理由を作る道具ではなく、また、組織としての命令系統を強化するために盃があるのでもなく、親分と子分の人間関係を「契る」さいの証になる物である。もしも、盃が悪用されて、要するに、命令系統徹底のための道具にされた場合、いつまでもそういった盃を大切に持ち続けることは任侠道の大前提から逸れる。

間違った盃の上に積み上げられる任侠の道は一切ないからである。

六代目山口組には、残念なことに、そういった要素があった。そして、それこそ任侠道ならびに任侠精神に反するとして、行動（離脱）を起こした人たちが、神戸山口組を結成したのだった。

分裂当初、世論や報道機関は、離脱したほうが解散する結果となった一和会抗争を例に挙げて、六代目山口組から離脱した神戸山口組も、一和会と同じように、長続きはしないのではないかといったような論調が多く展開していたが、実際はその後も神戸山口組は堂々と存続している。それだけでなく、増員し続けている。

「サイン下さい騒動」の真相

六代目山口組の分裂後に起きたさまざまな騒動のなかで、特に注目すべきなのは、新神戸駅構内で勃発した「サイン下さい騒動」である（2016年9月5日）。

毎月5日に山口組総本部（神戸市灘区）で開かれている定例会に出向くために、新幹線で総本部の最寄り駅である新神戸駅を訪れた六代目山口組・司組長が出迎えの車に乗り込むために駅構内をボディガードらと徒歩移動していた時にその騒動は勃発した。

駅構内に詰め寄った神戸山口組系の十数名の組員たちが、突然、サイン色紙片手に司組長に向かって大声で「サイン下さい」「サインくれよ」と一斉に叫びだしたのだった。

あまりの声のデカさに、駅構内にいた人たちは「はじめは何が起きたのかと思った」と驚いたが、すぐに、なんだサインか、と状況を理解して平常心に戻ったという。

サインを求められた当人である司組長は、ボディガードたちに囲まれながら、足早に駅構内を通って、無表情のまま迎えの車に乗り込んで新神戸駅から去ったのだった。

司組長の無表情が、我関せずの無表情だったのか、怯えを隠した無表情だったのか、それとも、怒りを押し殺した無表情だったのかは、司組長本人にしかわからない。

世論は、この「サイン下さい騒動」について神戸山口組による六代目山口組に対する挑発行為と解釈して話題となった。

しかし、この騒動が起きた原因についてはもうひとつ別の見方もあるとされている。

実は「サイン下さい騒動」が勃発した時期、神戸山口組の織田若頭代行と六代目山口組の竹内照明若頭補佐との間で、極秘裏に交わされていた再統合の約束の情報が、各団体内に少しずつ広まりつつあり、あとは、各組の有力組長たちに対する双方からの条件のすり合わせをすれば、年内中に具体的な動きが可能、という段階まで整っていた。

だが、「なにを今さら」とこの統合話に反発する組幹部たちが声を上げ始めた。その組幹部たちは、神戸山口組側ではなく、六代目山口組内部の幹部たちだった。

六代目山口組内部の幹部たちにいわせれば、手続き上の問題はさて置き、神戸山口組の人間たちは「一度は絶縁にされた連中」である。

再統合といえば聞こえはいいが、絶縁にした連中をもう一度組に復帰させるというやり方に対して彼らは猛反発した。しかも、それなりの好待遇で六代目山口組に復帰させる案が大筋であったために、彼らは、なおさら反対したのだった。

再統合に対する反発は六代目山口組内部で湧き上がり、やがてそれが、神戸山口組との小競り合いに反映されて、反発に対する反発が全国各地で勃発し、そのひとつのイザコザがサイン下さい騒動につながったとされている。

ヤクザの処分方法は大きく種別して、謹慎（口頭破門／期限付き破門／所払い）、破門（黒字／赤字）、除名（除籍）、絶縁とあり、除名（除籍）と絶縁についてては復縁ができないものとされている。

神戸山口組の面々は、司組長から絶縁処分にされているわけだが、この絶縁処分については、いささか再検討の余地があるとされている。

この絶縁処分は、当時まだ六代目山口組内に存在していた神戸一派の離脱がその主たる処分理由とされてはいるが、そもそも山口組では、離脱者を絶縁にするという処分方法が不適切であるとされている。

分裂当時（２０１５年８月）の出来事を時系列の順に振り返ってみると、まず先に、神戸一派が六代目山口組に対して、脱会届を提出した。次いで、六代目山口組側から絶縁処分が発せられた。つまり、神戸一派が脱会した後に絶縁処分の意思決定が下されている。このことがとても重要になる。

「絶縁とは、組の掟に背いた者に対して発せられる処分である」

そして、

「脱会することは組の掟に背いてはいない」

のである。

実際に、山口組の組織綱領に、「離脱者若しくは脱会者を絶縁処分にする」という文言は一切ない。

山口組勢力拡大の中興の祖である三代目山口組・田岡一雄組長は、御自身が研鑽した任侠道

の考えにもとづいて、

「来る者は拒まず、去る者は追わず」

と明言している。

六代目山口組に対してまず先に脱会届を提出した神戸一派はここでいうところの「去る者」に該当する。

そして、六代目山口組がしたことは、

「来る者は拒まず、去る者は絶縁処分」

である。

たしかに組織として、その長が交代すれば、その長によって新しい規律が施行されることもあるが、それは組織論的規律の範疇でしかないはずである。長が代わったからといって、任侠道の解釈までが変わってしまっていたら、それは本末転倒ではないだろうか。

仮に、神戸一派が突然音信不通となり、行方知れずの状態が長らく続き、脱会届を提出することすらなく、身勝手に新組織を結成していたとしたら、それは、敵対行為と解釈されて、破門や絶縁といった処分を六代目山口組が発するのは理解できる。

だがしかし、神戸一派は、事前に脱会届を提出した。本来なら、もっと早くにそうしたかったが、司組長の出所（服役期間2006～2011年）を待って、それから数年間の状況を見た上で、脱会届を六代目山口組に提出した。

六代目山口組が、三代目山口組・田岡一雄組長を崇拝するならば、神戸山口組に対して、去る者は追わず、としてもよかったはずである。また、任侠道から見ても、即座に絶縁処分とするのではなく、神戸山口組側から話を訊くぐらいの懐の深さをみせてもよかったのではないだろうか。

以上の点だけでも、六代目山口組が神戸山口組に対して発した絶縁処分については、再検討の余地があるといえる。

ヤクザが、暴力団的・マフィア的な思考を持つようになって久しい。その経緯のなかで「絶縁」についての解釈にも変化が生じている。

掟に背いた場合の絶縁処分の暴力団的でマフィア的解釈は「絶縁＝宣戦布告」である。抗争をするための宣戦布告という意味合いの絶縁処分である。

しかし、六代目山口組は、基本姿勢として、分裂当初から、神戸山口組との抗争を厳禁としている。そうなると、六代目山口組から発せられた絶縁処分は、あくまでもヤクザ的解釈の絶縁処分であったのだと判断される。

そうならば、前記の理由によって、六代目山口組から神戸山口組に対して発せられた絶縁処分については再検討の余地が大いにあるのである。

以上の点から「六代目山口組は分裂したらしいが、内輪揉めの段階で、あんな絶縁状なんか信用できるか?」と解釈して静観している他団体・他組織があるのも頷けるところである。

しかし、六代目山口組内では、神戸山口組に発せられた絶縁処分を理由にして「統合を認めない面々」が大きく反発した。きっと、彼らは絶縁処分を理由にしているだけではなく、分裂後に起こったさまざまな小競り合いや衝突のなかで生まれた怨恨や膨らんだ対立意識がその反発動機となっている部分も大きいだろう。

ともかく、この時点での神戸山口組と六代目山口組の統合は、六代目山口組内からの反発によって見事に崩れたのだった。

そして、定例会のために新神戸駅を訪れた司組長に対して「サイン下さい騒動」が勃発したのだった。これは、神戸山口組から六代目山口組に対する単なる挑発行為としてだけでなく、統合失敗についての、神戸山口組から六代目山口組に対する「ささやかなお礼」であったともいえる。

これは余談だが、もしも、竹中正久四代目山口組組長が、新神戸駅でサイン下さい騒動のなかにいたら、叫んでいる神戸山口組側の組員を全員一列に整列させて、色紙の一枚一枚にじっくりとサインをしてやっただろう。おそらく、冗談でもいいながら、余裕の表情でサインをしただろう。もしくは、その場で、全員を射殺したか。

もしも、渡辺芳則五代目山口組組長だったら、サイン下さい、と頼まれたから書いた、という淡々としたノリで、すべての色紙にサインをして、神戸山口組の組員たちが駐車場を利用していたらその駐車料金を全部支払ってやってから総本部に悠々と向かっただろう。もしくは、半笑いでサインをせずに、自らすべてを笑い話にしてしまったか。

そして、司忍六代目山口組組長は、ボディガードたちにガードされながら無表情で迎えの車に乗り込んだ。

司組長が取った行動は、山口組の組長としてはややパフォーマンスに欠けるところがあったのではないだろうか。

司忍六代目山口組組長は、会食も一膳飯で遠慮するような質素な親分だとされている。そんな司組長だからこそ、サインなんておこがましい、といった素朴な紳士的考えによって、無表情で新神戸駅を通り過ぎたのかもしれない。

年老いた直系組長たちにボディガードされて出迎えの車に乗り込んで行った六代目山口組の面々と、駅構内で「サイン下さい」と大騒ぎした神戸山口組側の組員たちとを見比べると、多くの人々が、サインをせがんだ連中たちのほうに、どことなく、山口組らしさを感じたのは間違いないだろう。

一和会抗争時に大活躍した元山口組二次団体幹部はこの騒動について「久しぶりに笑ったわ」

と懐かしさを噛みしめながら感想を述べた。

セガサミー会長宅銃撃事件とふたつの山口組

ここまでは、組長や大幹部クラスのエピソードを中心に紹介したが、次は、個々の幹部や組員レベルで起きた出来事について触れる。

2015年1月14日。六代目山口組が分裂する約7カ月前。日本最大手パチンコ・パチスロメーカーであるセガサミーホールディングス株式会社（本社・東京都港区）の創始者である里見治会長の自宅（東京都板橋区）に銃弾が撃ち込まれた。

セガサミーホールディングスは、1975年に里見氏によってパチスロやアーケードゲーム機器などを扱う「サミー」として設立された。社名の由来は「里見」をニックネーム風にもじって「サミー」となったとされている。

2004年には、ジュークボックスやゲーム機器の開発販売を行っていたセガを買収し、セガサミーホールディングス株式会社となった。

年間で3000億円以上もの総売上高を持つ業界最大手メーカーの会長である里見氏の総資産額は500億円ともいわれ、多くの政治家やスポーツ選手のタニマチをしているとされる。

元野球選手のデーブ大久保が東北楽天ゴールデンイーグルスの新監督に就任したさいの監督就任パーティーでは里見氏が発起人を務めた。

また、里見氏は無類の競馬好きでも知られ、演歌界の大御所である北島三郎が馬主であるキタサンブラックとゴール前で大接戦の末に第61回有馬記念（2016年）を制した名馬・サトノダイヤモンドの馬主もしている。

自宅は、地上3階地下1階、延べ床面積は1000平米を超える大豪邸で、各室内には超一流の美術品が多数飾られてあり、地下階は、レジャー施設並みの娯楽機材が多数設置されているという状況である。


その大豪邸に、3発の銃弾が撃ち込まれ、自宅前の路上に1発の空薬莢が落ちていた。


なぜ銃弾が撃ち込まれたのか？　誰が撃ち込んだのか？

事件から約1年経過しても、犯人が逮捕されることもなく、事件の謎は深まるばかりだった。

セガサミーホールディングスの広報担当者の説明によると「警察に相談している」「犯人に見当がつかない」という状況が続いていた。

銃撃発生から約2年が立った2017年6月。里見氏の自宅に銃弾を撃ち込んだ実行犯として神戸山口組山健組系の暴力団幹部とその関係者の計3人が銃刀法違反の容疑などで当局に逮捕された。その後も当局による逮捕劇が続き、合計で6人の組関係者らが逮捕された。

それゆえに、里見氏の自宅銃撃は神戸山口組によって行われたと解釈しがちだが、里見氏の自宅に銃弾が撃ち込まれたのは、

分裂の約7カ月前。


であり、神戸山口組がまだ存在していなかった頃の銃撃事件であることから、組織犯罪の観点から見れば、里見氏の自宅銃撃事件は分裂前の六代目山口組の犯行とみなすこともできる。

そして、ある事情通によると、実行犯は山健組系の者（現神戸山口組側）であったとしても、その関係者や主犯格は弘道会（現六代目山口組側）の関係者だった。つまり、事件の時点では山健組だった者のうち、分裂時に六代目山口組に残った者。そして、分裂時にカタギになったが、その後も関係者として付き合いが続いていた者だというのである。

六代目山口組の分裂がなければ、こんなにややこしい話にはならなかったはずである。分裂前なら、名簿や登録情報によって、「組員」や「関係者」がどこの組に所属しているのかは一目

瞭然だった。

それが分裂したことによって、要するに、組員の所在が、あっちにいったりこっちにいったり、あの時はあっちで今はこっちでとか、あっちだったけどカタギになったからこっちの関係者になっているとか、実にややこしくなってしまっている。よって、当局もいまひとつ把握し難い状況なのである。

逮捕された者が実行犯であることに変わりはないとはいえ、組織犯罪の観点からいえば、「どの組織に属している者か」「どの組織の関係者か」というのが重要になってくる。

しかし、六代目山口組の分裂によって、組員が移籍し、また、一度は移籍したが戻ってみたり、カタギになったり、陰に隠れたりと、立場が二転三転してしまっている状況では、何者なのかが把握し辛く、どこを基準にして罪状を定めるべきかわかり難くなってしまっている。

ヤクザや暴力団は、通常、反社会的勢力という見地から、逮捕されて容疑が確定すると一般の社会人よりも1・5倍の罪状が科せられる。

例えば、カタギだったら1年の刑期で済むところが、暴力団員であるために1年6カ月の刑期を申し渡されることが多い。

裁判時には決まって最初に「暴力団を辞めますか？」と裁判官から質問される。ここで「はい、辞めます」と答えれば法廷内では一般の社会人として見なされることもあるが、「辞めません」と答えると、その時点で、1・5倍が確定してしまうのである。

これは、カタギであるかないかという基準での話だが、組織犯罪の観点からすれば、あの時は山健組でしたが今は弘道会です、とか、あの時は弘道会でしたが今は山健組ですとか、そういったことが、事件当時の所属団体を基準にして捜査や裁判をすべきか、逮捕された時点での所属団体を基準にして捜査や裁判をすべきか、それとも当時と現在の両方を捜査対象として捜査して裁判をするべきなのかという点で、いささか複雑な味わいを醸し出すのである。

要するに、当局から見て、六代目山口組の分裂以降、「あいつはどっち側なのかよくわからない」といった組員たちが大勢いるのである。

また、暴力団員同士でも「あの人は、本当はどっち側なのか?」と疑問視せざるをえない組員も多数いる。これにさらに、アリバイや犯行日時が逮捕や刑罰の重要要素となってくる事件捜査や裁判が加わってくると益々ややこしくなってきてしまうのである。

分裂前はこういった領域の出来事は比較的スムーズだった。しかし、分裂によって、各組員たちの立ち位置が、移籍や離脱によって不安定化して、セガサミーホールディングスの里見会長自宅銃撃事件も、逮捕された実行犯は山健組系だったとしても、後に逮捕された主犯格が弘道会関係者だったりして、実際のところは、犯行一味が神戸山口組なのか六代目山口組なのかよくわからない状況になってしまっているのである。

以下は、例えば、であり、あくまでも噂話のような内容だが。

六代目山口組が分裂する7カ月前に起きたセガサミーホールディングス・里見会長自宅銃撃の犯人の全員が六代目山口組若頭補佐山健組系の組員たち（当時）だったとする。

里見会長の自宅を銃撃した理由は、六代目山口組VS里見会長という敵対理由ではなく、里見会長の過去の因縁による、いうなれば「個人的な動機が原因で起こったトラブルの結果」の銃撃だったとする。ちなみに、里見会長の周辺では常に数十億円という大金が動いている。里見会長は、その後の話だが、約30億円の所得税申告漏れで東京国税局の税務調査を受けて追徴課税を申し付けられている。

銃撃後に、六代目山口組の分裂騒動に直面した銃撃犯である組員たちの大半は離脱した神戸山口組よりも六代目山口組に残りたい気持ちが強かったので、六代目山口組若頭補佐弘道会系の関係者となった。

個人的なトラブルで起きた銃撃は、それだけでは元々のトラブルの解決には至らなかったので、銃撃後に、里見氏とトラブルに関わった人物たちによる話し合いが水面下でおこなわれた。その間に、六代目山口組が分裂してしまい、その時点で、里見氏が、自宅を銃撃した実行犯の大半が六代目山口組若頭補佐弘道会の関係者であったと認識した。

当然に、里見氏は、この時点で、弘道会に自宅を銃撃されたと認識して、このトラブル終結に向けて、解決策を図った里見氏は、前向きな解決に向けて弘道会の幹部クラスと何らかの接触をしたとする。

そして、当局の捜査が進むなかで、里見氏やその関係者から「弘道会の犯行」という情報を捜査チームが得たとする。

すると、ここで一番困るのは、弘道会である。弘道会にしてみれば「(犯行を)やった時はあいつらは山健だったから」である。弘道会としては、やってもいない事件の組織犯罪で当局に芋づる式に逮捕されるわけにはいかないところである。

よって、当局の逮捕ムードを察知した弘道会が「山健組がやった。こいつらは、たまたま今、うちに関係しているだけで、もともとは山健だから」と当局に実行犯たちを売ったとしたならば、分裂時に神戸山口組の山健組には行かずに、六代目山口組の弘道会の関係者となった彼らにとっては、とんだ冷や飯喰いではないだろうか。

組とは何の関係もない、自分たちと里見氏との間で起きたトラブルによる銃撃だったとしても、まさか、身内に売られるとは夢にも思ってはいなかっただろう。

しかも、売られる寸前までは「うちの者が」と弘道会側は里見氏やその関係者たちと交渉をしていたかもしれない。ところが、当局の逮捕準備を察知した弘道会は、瞬く間に、実行犯たちを当局に売った。

前述のように、これは、例えば、であり、あくまでも噂のような話であるが、もしも、こんなことになっていたとしたら、分裂後の組員たちは、「次は自分が売られるのか」「そろそろ自分が密告されるのか」と大変不安定な心境に陥ることとなる。

分裂前では考えられなかったような「密告劇」が分裂後には蔓延しており、自分たちなりには勝ち馬に乗ったはずが、とんだ冷や飯喰いに直面した組員たちも多く存在しているのである。六代目山口組の分裂によって、いわゆる、名簿や当局の登録情報から消えた組員たちも多い。引退して本当のカタギになった者もいれば、名簿上や登録情報上から消えただけの者もいる。そういった彼らは、公的には脱会者であるが、実質的には、組関係者以上に周囲に対して、名簿に氏名があった時とほぼ同等の影響力を持ち続けている。

簡単にいえば「あの人は組を辞めたことになってはいるけれど、地元では、あの人は現役の組員という解釈のされ方のままで通用している」というような状態である。

アンダーマフィア化と福岡7億円金塊強奪事件のてん末

２０１６年7月に福岡県福岡市博多駅東のビル１階で起きた偽警察官による「7億5千万円相当の金塊強奪事件」の主犯格の男も、いわゆる、名簿上や登録情報上から消えただけの人物だった。

事件発生から約十カ月後に愛知県名古屋市内でこの主犯格の男は逮捕された。この男は「昔から名古屋を中心とする半グレ不良集団のリーダー格」「暴力団員に友人多数」と報道されてはいたが、実際のところは「暴力団員としては名簿上や登録上からは消えたが、地元（名古屋）では、誰もが知るほどの暴力団幹部そのもの」であった。

そもそも彼は六代目山口組若頭補佐弘道会系の組の幹部だった。法整備の強化により、暴力団員で居続けることに煩わしさが生じた頃に、彼は名簿上からその名を消した。

しかし、所属していた組との関係はその後も続いており、地元の名古屋では、依然として、彼は「あの組の幹部の人」のままだった。

事情通によると「前に組の籍からは出とるけど、人間関係的には残ったままやな」であった。名古屋では、彼が組を辞めていたことに全く気が付いていない人もいたぐらいだという。

盃事から考えれば、辞めた者は、文字通り「辞めた者」「カタギになった者」であり、ヤクザとカタギとの付き合い方でいえば、お互いの間に一線引いた付き合い方をするべきところではあるが、彼と彼が所属していた組の場合は「今まで通り」の付き合い方を維持し続けていたようであった。

正式な組員ではもうなかったとはいえ、いわゆる、「兄弟分」という関係がずっと続いていたようである。

そして、彼は福岡での金塊強盗よりも前に、同じ様な強盗を数回成功させているという。強盗で得た金品の使途の詳細については不明だが、彼が関係する弘道会系の組は、弘道会内でも常に資金力が豊富な組であるとされており、多数の飲食店などを実質経営しているという。

また、彼は、仲間たちと共に、夜の繁華街で頻繁に豪遊する生活を数年間に渡って続けており、某有名芸能人たちとも遊び仲間だったという。

そんななか、かねてからの強盗ネットワークによって「福岡でやれる」という情報を摑んだ彼は、すぐに犯行計画を練って、計画実現に向けて、数人の共犯者たちを集めた（この事件では、彼を含む実行犯や換金に関わった10人が当局によって逮捕されている）。

そして、彼と共犯者たちとの間で「ひとりあたり５０００万円の成功報酬」が支払われる約束が交わされた。

その後に、金塊強盗が実行に移されて、彼らは、よくも悪くも、福岡での金塊強盗に成功したのだった。

彼らは警察官を装って、金塊（約１６０kg：約7億5千万円相当）を強盗した。

そして、主犯格の男から、各共犯者に対して、それぞれ５０００万円ずつの報酬が配られたが、その段階で、主犯格の男は各共犯者に対して、

いい儲け話があるから、自分に3000万円を預けてくれ。

と提案した。

なにやら、儲かる投資案件があるとかで、今、ひとり頭3000万円をその案件に投資さえすれば数カ月後には倍額の儲けになるとか。

各共犯者たちは、彼にいわれた通りに福岡での犯行を実行したら、実際に、5000万円もの報酬を手に入れることができたという直近成果による信頼性によって、彼が勧める投資案件に3000万円ずつを提供してみることにした。

それから数カ月が経ったが、各共犯者に対して彼から「案件がうまくいった」という連絡は一切なく、不審に感じた共犯者たちが彼に対して「どうなったか?」と問い合わせたところ、彼は「うまくいかなかった。投資だから、金は戻ってこない」と答えたのだった。

主犯格の男は真実を話しただけなのかもしれなかったが、各共犯者たちは、

5000万円の報酬のはずが、3000万円を騙されて、結局、2000万円でやらされた。

と解釈したのだった。

そして、各共犯者たちは、それぞれのツテを頼って、主犯格の男に対して「激しい取り立て行為」を開始したのだった。

こうなってしまったことで、福岡の金塊強盗の裏情報が方々へ流出する状況が発生してしまった。そして、結果として分け前争いと仲間割れによる情報漏洩が当局の捜査状況を急進展させて、金塊強盗事件発生から約十カ月後に、主犯格の男をはじめとする共犯者たちが当局に逮捕されたのだった。

さらに、彼らの逮捕後に、弘道会系の組幹部が金塊強盗グループのひとりから現金500万円を脅し取っていたとして当局に逮捕された（2017年6月27日）。

この弘道会系の幹部組員については、主犯格の男や共犯者たちが、5000万円の報酬のはずが2000万円だったことから勃発した分け前争いのなかで、各共犯者からの取り立て行為から主犯格の男をカバーするようなポジションで分け前争いに介入したとされている。

この幹部組員は、もともと主犯格の男が所属していて今でも変わらぬ付き合いがある弘道会系の組の幹部だった。

金塊強盗グループの分け前争いに介入したこの組幹部は、分け前を求める共犯者のひとりから、逆に、500万円も恐喝するほどの暴力的パフォーマンスを発揮した。

取りに来た奴から、逆に、取ってやった。

のである。

これは紛れもない犯罪行為であるため、決して褒め称えることはできないが、その道のプロというういい方をした場合、この組幹部のプロ度は、やはり素人ではマネできないほどの暴力指数に達しているのではないだろうか。

物の善悪でいえば、すべてが悪でしかないが、もしも悪のなかでも善悪の濃淡があるとすれば、体を張った共犯者に対して、約束の報酬を渡さずに、分け前争いがはじまると、凄腕の組幹部を盾にした主犯格の男のズル賢さは、まさに極悪に値する。

そして、こういった騒動についても六代目山口組の分裂が影響している点がいくつもある。

六代目山口組が分裂していなければ、主犯格の男は、名簿上も登録情報上も組員のままだったのかもしれない。そうであれば、組織的多額窃盗事件として扱われたこの金塊強盗事件の捜査の手は、確実に六代目山口組若頭補佐三代目弘道会内部にまで及んだだろう。

分裂騒動によって、組員たちの移籍だけではなく、いってみれば「偽装離脱」や「偽装脱会」という状態となって、当局からの捜査逃れを目的とした「アンダーマフィア」のような組員たちが、結果として、多く出現した。

地元では誰しもが「彼はいまだに組員だ」と知ってはいても、名簿上や登録情報上からその氏名が消えているので、当局や報道機関は正式な組員として扱うことができない。「半グレ不良集団のリーダー格」としかいいようがないというグレーな存在。

このことにより、分裂前の状況だったら、当局の捜査対象になっていたかもしれないが、分裂後の現在では当局の捜査とは無関係となった弘道会系の組員や組幹部たちもいるはずである。

仮に捜査員が組事務所にやって来たところで「あいつ（主犯格の男）はもう前から組とは関係がなくなった」といってしまえばそれまででしかない。

当局の捜査員たちは本当はすべてを掌握し、彼が今でも暴力団員と同等であるという実情を察知しているのかもしれないが、正式な名簿に載っていない者を公的に暴力団員とすることは難しい。

ちなみに、暴力団の歴史のなかで、組の名簿に載っていない組員という存在は、実は、結構いるのである。

隠れ組員というよりは、結論からいえば、名簿自体があまりアテにならないのである。新しい組員が事務所に来たが、名簿に載せ忘れていたという単純な理由でその名が名簿に載っていなかったというケースは結構ある。

組長以下組員全員が彼のことを組員であると認めていたとしても、名簿に載せ忘れていたという状況が延々と続いた結果、彼だけが名簿に名前が載っていなかったということはわりとある。しかし、彼は、自他ともに認める立派な組員である。

また、その反対で、その人はもうとっくに脱会しているが、名簿から名前を消し忘れたため、名簿を見る限りでは、その人は今でも組員のままというのもある。

名簿に載っていた人物（組員）が音信不通になってしまい行方不明状態なので、一応、名簿上は登録状態だが、組員か？　と質問されても返答に困るケースもある。

何かの事件が発生して、当局が調べたさい、「消し忘れ」「行方不明」と判断されれば、その人は晴れて公的に元組員とされる。

更生を阻まれる元暴力団員たち

しかし、2014年には、名簿上の行き違いから、暴力団を辞めた人間がずっと暴力団員としての公的扱いを受けていた、という人道無視の事案が発生した。

組を辞めたこの男性は、カタギとなり、地元県警に脱退届承認書を提出して、公私共に暴力団から脱退したことを示した。そして、居住地があった最寄りの市役所に生活保護の申請をした。市役所が、この男性が本当に組から脱退したのかどうかを県警に問い合わせたところ、残念なことに、県警の暴力団員リストにこの男性の氏名がまだ登録されたままの状態だった。市役所は、当然、この男性からの生活保護の申請を却下した。

県警は「脱退の届け出があっても、5年程度はリストからその名前が抹消されずに残っていることが多い」とした。

つまり、組を辞めても、5年間はリストに名前が残っている以上、その間は、暴力団員と同等の扱いを受けるしかなく、せっかく暴力団を辞めても、生活保護はもちろん銀行口座も開設できない場合があるということである。

ちなみに、昨今、一般の会社で月給を手渡しでくれるところは非常に稀で、ほとんどの会社が給与振り込み用の銀行口座の提出を各社員に求めてくる。この段階で銀行口座を提出できなければ、その社員は退社せざるをえない状況も多い。そもそも、入社時に銀行口座を経理部に提出できなければ、その者は入社することすらできなくなってしまう。今のご時世、「銀行口座もないような人は当社で働くことはできません」という理屈である。

行政や社会は暴力団からの脱退を推奨するが、脱退しても、それから5年間も暴力団と同等の扱いをされるようでは、はっきりいって、その者はまともな生活を送ることができなくなってしまう。もしかしたら、暴力団員のままでいたほうがよっぽどマシかもしれない。

脱退後の5年間程度は当局の暴力団資料のリストにその名が残っているのは、現在捜査中の犯罪と関連があったり、その脱退が偽装脱退でないことを確認するのにかかる期間が必要だったり、また、そういった業務をする人手が足りていないという理由によるところである。

それはそれで仕方のない現実なのかもしれないが、やっとの思いで暴力団から脱退した人の人生はいったいどうなってしまうのだろうか？

このケースで、市役所から生活保護の申請を却下された元暴力団員は、癌《がん》に侵されていた。真面目に生きずに暴力団なんかやって、さんざん、世のなかに迷惑をかけたくせに、自分が癌になったら、あっさりと立場を変えて、生活保護の申請をするなんて調子がよすぎないか？と考えるのは、あまりに屈折した思考回路ではないだろうか？

暴力団からの脱退を社会として推奨するならば、この辺のフォローは絶対に必要になってくるのではないだろうか。

結局のところ、名簿の管理については、暴力団側も当局側もそこまで徹底されてはいないのである。ヤクザ的にいえば、名簿や登録情報について、そこに本質的なこだわりは低く、名簿についてはは組織運営をするうえでのひとつのツールやアイテムのような物でしかなく、ヤクザの本質としては、その者が盃を持っているかどうかである。

俗にいう「アンダーマフィア」のような組員のように、意図的に、組の名簿や登録情報からその名を消した者については「盃を持ったままの者」もいれば、徹底してその存在を伏せる目的で「盃を返上した者」もいる。

盃を持った者については、いうまでもなく、一家一門衆だが、盃を返上した者については、その判断が難しいところである。

これは偽装脱会の領域に限定しての話であるため、基本的な解釈からは完全に外れてしまっている。その者が「仲間」であることに変わりはないが、盃がなければ、いくらそれが偽装離脱であったとしても、本質的に見ても、その者を正式な一家一門衆とすることはできないといったところではないだろうか。

ヤクザと暴力団の違い

現在のアウトロー業界は、いわゆる、ヤクザというスタイルと暴力団というスタイルが混在している。

ヤクザが盃で縁した集団であるなら、暴力団は暴力を背景に収益を上げる集団である。法律面から考えれば、暴力団以外の要素がその集団にあったとしても、つまり、その集団が盃で縁した集団であったとしても、当局から指定暴力団などに指定されたのなら、その集団は指定暴力団となる。

指定暴力団の指定要因は次の通りである。

1　名目上の目的のいかんを問わず、当該暴力団の暴力団員が当該暴力団の威力を利用して、生計の維持、財産の形成又は事業の遂行のための資金を得ることができるようにするため、当該暴力団の威力をその暴力団員に利用させ、又は当該暴力団の威力をその暴力団員が利用することを容認することを実質上の目的とするものと認められること。

2　国家公安委員会規則で定めるところにより算定した当該暴力団の幹部（主要な暴力団員として国家公安委員会規則で定める要件に該当する者をいう。）である暴力団員の人数のうちに占める犯罪経歴保有者の人数の比率又は当該暴力団の全暴力団員の人数のうちに占める犯罪経歴保有者の人数の比率が、暴力団以外の集団一般におけるその集団の人数のうちに占める犯罪経歴保有者の人数の比率を超えることが確実であるものとして政令で定める集団の人数の区分ごとに政令で定める比率（当該区分ごとに国民の中から任意に抽出したそれぞれの人数の集団において、その集団の人数のうちに占める犯罪経歴保有者の人数の比率が当該政令で定める比率以上となる確率が十万分の一以下となるものに限る。）を超えるものであること。

３　当該暴力団を代表する者又はその運営を支配する地位にある者の統制の下に階層的に構成されている団体であること。

そもそもは暴対法による「その集団の構成員が集団的に又は常習的に暴力的不法行為などを行うことを助長するおそれがある団体」という定義を根底としており、先記した３つの要因を証明できる資料や証拠内容が揃うと、各都道府県警察から管区警察局と警察庁へ報告が上がり、暴力団対策課長から警察本部長経由で公安委員会の決裁によって指定される。

指定暴力団の指定については、それなりの裏付けがあって指定されるものであり、当局から指定されれば、その集団は暴力団として扱われる。

この観点からいえば、その者が盃を持っていなかったとしても、暴力団事務所の名簿に登録されていれば、法律的には暴力団員として認定することもできるだろう。

盃で縁した集団がヤクザならば、暴力団という集団は指定暴力団の指定を受けるか、その類似団体として法的に判断された集団のことである。

しかし、現実的には、多くのヤクザ集団が指定要因に極力該当するケースが多く、ヤクザ集団＝指定暴力団という社会的認識が当然のようにもなっている。

そして、金塊強盗を犯した面々は、特にその主犯格の男は、暴力団事務所の名簿に登録されていなかったという理由で「半グレ集団のリーダー格」という位置付けで逮捕された。だが、地元では誰もが知る「六代目山口組系の組の人」である。

六代目山口組の分裂によって、さまざまな理由で名簿から消えた元組員たちが大勢いる。現役の組員であるのかないのかの違いによって刑罰の度合いが異なる現法状況下では「実質」よりも「肩書き」のほうが重要視される傾向がある。

分裂前なら、芋づる式に軒並み逮捕という歴史的大逮捕劇に発展していたような事案が勃発しても、当事者や関係人たちが「名簿から消えた人」だったという理由だけで「暴力団の犯行ではない」とされてしまうケースが起き始めている。福岡県で起きたこの金塊強盗事件は、そのひとつの例に過ぎない。

六代目山口組の分裂によって、その後、六代目山口組自身が、暴力団として、少しずつ変わりつつある傾向がある。そのことが、暴力団業界だけでなく、社会全体に、今後、どれほどの影響力を持つかどうかは、いまのところはまだ未知数である。

六代目山口組の分裂は、国内最大規模の暴力団がふたつに割れたという単に物理的な現象に留まるものではない。分裂をキッカケにして、それまではあまり浮上してこなかった上層部と系列団体に所属するいち組員レベルの考え方や受け止め方の相違や、ヤクザ社会にだけある独特なシキタリを持つ暴力団の思考回路と法整備に明け暮れる行政機関や逮捕劇を繰り返す当局との見解の違いや、暴力団という存在と密接に関わる町場の不良たちのパワーバランスの変化や、よくも悪くも昔からあるワルというスタイルの意味的変化など、ありとあらゆる物が浮き彫りになり、そして、それらが変貌してしまうところにまでその影響を及ぼしたのではないかといえる。

よく、時代が変われば暴力団の在り方も変わる、といったような意味合いの言葉が持ち出されるが、時代と暴力団とがそういう意味で繋がっているのなら、その逆の理もしかり、暴力団が変わったことで時代に変化を及ぼすことだってあるのではないだろうか。

国内最大規模である六代目山口組の分裂は、すなわち、暴力団が変われば時代も変わるというメカニズムのひとつの代表例として挙げられるほどの社会的インパクトを持っていたといえるのではないだろうか。

第3部　三つめの山口組

第三の山口組

暴力団が変わる。
そのことで、世の中も変わる。
そんな理屈が通るものだろうか？

第1部で述べたように、六代目山口組分裂後、比較的早い時期から、神戸山口組の織田絆誠若頭代行は、神戸山口組と六代目山口組との再統合計画の準備活動をしていた。そんな織田若頭代行と呼応して、六代目山口組の竹内照明若頭補佐も再統合計画に乗り気の姿勢を示していた。

織田若頭代行は神戸山口組の池田組より莫大な資金提供を受けて、その準備を進めていた。また、織田若頭代行は竹内若頭補佐からも資金提供を受けていたとされる。竹内若頭補佐と池田組の双方からの資金提供額の総額は、

約20億円にものぼった。

との情報がある。

再統合計画の中身は、ふたつに分かれた山口組が、物理的にも信条的にも完全にひとつに合体するという再統合ではなく、六代目山口組を母体として、そこに、神戸山口組のなかで「戻ってもいい」と考える者たちが六代目山口組に再入門するというスタイルだった。

織田若頭代行が描いた再統合計画は、言葉通りの再統合よりは、やや語弊があるかもしれないが、いってみれば、六代目山口組への出戻り計画という内容だった。

再統合といえば、対等な立場にある両者が均等に合体するようなイメージを持つが、出戻りともなると、どうしても、神戸山口組から六代目山口組に再入門する面々が、頭を下げて戻してもらうというイメージになってしまう。

神戸山口組としては、そもそも出ていくだけの理由があった。仮に、その後の試行錯誤によって、神戸山口組と六代目山口組が再統合する運びとなった場合、神戸山口組にしてみれば、その手段はどうあれ「俺たちが体を張って離脱行動を取ることで六代目山口組の体制を正した立役者である」という誇りがある。「だから、再統合するのだ」と。

しかし、頭を下げて「戻らせて下さい」というのなら戻してやってもいいぞといわれると、あらゆることが食い違ってくる。

そもそも、再統合については、いうまでもなく、**髙山清司六代目山口組若頭が社会不在状態のままでは、するもしないも、大前提として、環境不足である。**

そんなことぐらい、ベテランのヤクザである織田若頭代行も充分に理解していたはずだろうが、彼は、再統合計画の準備を進めて莫大な資金を手にした。

この頃の織田若頭代行は、神戸サイドからも「どうする気か？」と問われ、竹内若頭補佐サイドからも「どうするのか？」と訊かれ、板挟み状態になっていたという。

週刊誌面では「分裂のカリスマ」と書き立てられていた織田若頭代行が、実は再統合計画の準備段階で相当な窮地に追い込まれていたのだった。

やがて、織田若頭代行の再統合計画は、ふたつをひとつにすることよりも、織田若頭代行が自分を信じる若衆を引き連れて、六代目山口組に再加入するという方針に変わった。

この計画変更については、織田若頭代行と六代目サイドの窓口である竹内若頭補佐との間では、ほぼほぼ確定路線となっていたようである。しかし、ここでいくつかの大きな問題が浮上した。

ひとつは、先述したが、大前提として、髙山清司六代目山口組若頭が社会不在であるという環境不備。

そして、もうひとつは、織田若頭代行一派の六代目山口組再加入について、三代目弘道会内部が大反対したことである。

三代目弘道会は、いうまでもなく、竹内若頭補佐がその三代目会長を務めている六代目山口組の保守本流的直系団体である。

いくら会長が織田若頭代行一派の受け入れに乗り気だったとしても、これまで分裂騒動の陰で、多くの逮捕者が続出しただけでなく、あらゆる場面で、体を張り続けてきた三代目弘道会幹部連としては敵の特攻隊長だった織田若頭代行を受け入れることにはどうしても抵抗があったのである。

「なにをいまさら」

この一言が、三代目弘道会を起点にして、六代目山口組内部全体から湧き起こったのである。

たしかに、誰しもが神戸山口組と六代目山口組の再統合を嫌っているわけではない。しかし、再統合というものは、六代目山口組からしてみれば、神戸山口組の頭領である井上邦雄組長が動かなければ本分であるとはいい難い。

織田若頭代行一派が六代目山口組に厚待遇で再加入することは再統合とはいえない。それは単なる移籍であるともいえる。

そして、三代目弘道会の面々にしてみれば、敵の特攻隊長でしかない織田若頭代行とその一派を六代目山口組に招き入れることは、途方もない屈辱であるともいえる。

あっちこっちから金を摘まんで、うまくいかなくなったら、自分たちがそっちに行ってしまえばいいというのは、まるで子供の引っ越しだといわれてもしょうがない節もある。

とはいえ、織田若頭代行が、織田一派を引き連れて、六代目サイドに再加入することで「新たなる再統合の糸口」を開拓しようとしていたのも事実だろう。

まずは目的に向かってできる限りの行動を起こす、ということは、多少、路線変更を伴ったとしても、行動力の有無という一面から考察すれば、やる価値がないことではない。

だが、あらゆる状況が、織田若頭代行にとって、裏目に出た、といえるのではないだろうか。織田若頭代行の六代目山口組への再加入行動は、一部の理解者たちからすれば目的達成に向けた苦肉の策とも受け止められるが、神戸山口組からすれば、それはただの「身売り」でしかなかった。そして、それは、神戸山口組にとっては紛れもない「裏切り行為」でしかなかった。

織田若頭代行は神戸山口組若頭代行職であると同時に四代目山健組副組長を兼務していた。織田若頭代行の身売り状況が神戸山口組執行部や四代目山健組の各組長らに知れ渡った頃、四代目山健組では、それまで四代目山健組若頭代行であった中田広志・五代目健竜会会長が新しく四代目山健組若頭に任命された。

そして、織田絆誠は、四代目山健組副組長を解任され、さらに、神戸山口組執行部より「絶縁」とされた。絶縁とは、謹慎や所払いや破門以上にヤクザ社会では最も重い処罰である。

織田絆誠は神戸山口組を絶縁され、六代目山口組からは「再加入認めず」とされる辛い立場となってしまったのだった。

彼は以前の板挟み状態から一転して、今度は、どっちにも行けずの宙ぶらりん状態となってしまったのだった。2017年4月頃のことであった。

この時期、四代目山健組内部や、大阪府内を中心に、さまざまな怪情報が流れた。

「山健が独立する」

「山健組が一本立ちする」

「山健が割れる」

「山健のバッジのデザインが変更になるので各自返却してほしい」

「井上組長（神戸山口組組長と四代目山健組組長を兼務）が（山健のほうを）引退する」
「山健と古川（二代目古川組）が合体する」
「古川の二代目（神戸山口組幹部・二代目古川組組長・古川恵一現総裁）が自宅前で撃たれた」
「神戸のなかに関西同志会という内部組織ができた」

そして、

「**織田が独立する**」。

大名跡・古川組を巡る暗闘

２０１７年4月30日。織田絆誠を代表格とした新団体・任俠団体山口組が結成された。任俠団体山口組に参画したのは、織田絆誠をはじめとして、神戸山口組及び四代目山健組内から離脱した各組長や組員たちだった。

任俠団体山口組は後に「任侠山口組」（２０１７年8月〜）と改名したが、本書における現時点では時系列の概念から任俠団体山口組の名称を用いて書き進めていく。

任俠団体山口組は、発足日と同日に、神戸山口組幹部二代目古川組事務所（兵庫県尼崎市）を使用して、この団体の決起記者会見を行った。

当時、二代目古川組組員たちは、自分たちの事務所でこのような記者会見が開かれているということをまったく知らなかったという。

いつものように事務所に行ったら、マスコミが大勢いて、事務所のなかで勝手に記者会見がおこなわれていることを知ったのだった。

しかも、任俠団体山口組内に、いつの間にか、三代目古川組が存在していることを知って驚愕した。

二代目古川組では、二代目から三代目に代替わりした覚えはまったくなかった。二代目（古川恵一組長）が引退したわけでもなく、継承があったわけでもないのに、突然、三代目古川組というものがこの世に存在していた。

結果として、二代目古川組と三代目古川組の両方が存在するという「わけがわからん」（古川組関係者）という状況だった。

任俠団体山口組が記者会見を開いた二代目古川組事務所の周辺では、三代目問題も含めて何が何だかよくわからないという状況が続いた。

任俠団体山口組は記者会見を開くにあたって、二代目古川組に対して、なぜ事務所使用願いを出さなかったのだろうか？

そんなものを馬鹿正直に出しても「使用不可」とされるのが目に見えていたからなのかもしれないが、どうやら、二代目古川組事務所は、以前から、織田一派の関係者や任俠団体山口組に参加した旧神戸山口組系列の各人たちの関係先事務所として複数登記されていたようである。つまり、よくある相乗り事務所という状態だったのである。

二代目古川組事務所が物件的にこういう状態なら、たしかに、任俠団体山口組のメンバーやその関係者たちが自分の事務所としてここを使用することに法的問題は一切ない。

だが、通常の事務所使用とは違って、マスコミを集めて記者会見をするのであれば、便宜上、二代目古川組に対して、その旨を事前に伝えておくぐらいの配慮があったとしても文句はいわれないだろう。

しかし、状況判断から、組織上として「使用不可」にされたら困るので、抜き打ちで、二代目古川組事務所を使用したといったところではないだろうか。

次に、誰しもが不思議と感じる点は、なぜ、任俠団体山口組のなかに、まだ代替わりしていない三代目古川組が存在していたのか？　である。

三代目古川組を名乗った人物は、二代目古川組の最高幹部の地位にあった人物である。それだけの人物なら、出て行く古川組の名称をわざわざ名乗るよりも、前々から自分が率いている団体の名称を第一として名乗ればいいのではないかと誰しもが思うところであるが、彼は、あえて、継承していない三代目古川組を勝手に名乗った。

もちろん、長きに渡って古川組で活動をして来た人物なら、それだけ古川の名称に思い入れがあるのは理解できる。

だが、普通に考えて、任侠団体山口組内で継承していない三代目古川組を名乗ることはいささか無理矢理過ぎるといわれてもしょうがないのではないだろうか。

古川組は、山口組の中興の祖である田岡一雄三代目山口組時代からの直系団体で、五代目時代には「尼崎の御意見番」として知られ、関東でも広くその名を知られた名門団体である。六代目時代には舎弟職を務めた。

古くから、古川組は、山健組とは一心同体のような関係を持っており、井上邦雄組長が四代目山健組組長に就任するさいの御検分役も古川組初代が務めている。

ヤクザの親分の継承に於ける盃事には「取持人」「検分役」が新親分になる者の世話人なり補佐人的立場を務めるのが習わしである。取持人や検分役は常に重鎮といわれる大幹部や名親分がその責務を果たす。

新しく親分になろうとする者は、取持人や検分役からの推薦がなければ新親分になる切符すら持てない。ヤクザ社会や暴力団業界で「組長になるためには、まずは、幹部の推薦がなければばなれない」というのはこのことである。

前親分（先代）の御指名という鶴の一声で後継ぎとしての新親分になる場合でも、新親分になる者は自力で取持人と検分役を揃えなければならない。もしできなければ、たとえ、鶴の一声であったとしても、現実的には相当苦しくなる。

取持人は、いわば、仲人的存在で、新親分になろうとする者の正当性を証明する存在で、その盃事の総監督のような責務を果たす。

検分役は、文字通り、審査員的存在で、新親分になろうとする者のすべてを審査・検分した上で、その正当性を証明する役割を担い、意味合い的には推薦人的立場も兼務している。

四代目山健組・井上組長にとって、古川組は、四代目継承時の御検分役であり、山健ブランドの威光の源のひとつである。中野会や宅見組のようにその名が週刊誌面上をにぎわすことはなかったので、カタギ社会・一般社会における知名度は決して大きくなかったが、山口組内部はもちろん、全国のヤクザ社会・暴力団業界ではその名を知らぬ者はいないというほどの超名門である。いわゆる、「ブランド看板」のひとつであり、こういった背景から、「ブランド力を求めて、傘下団体が勝手に三代目古川組を名乗ることを任俠団体山口組が許してしまったのではないだろうか。

また、古川組の名が任俠団体山口組の中に存在することで、単なるブランド力の向上だけでなく、任侠団体山口組が歴史的な正統性を主張する材料のひとつとして古川組の名称を必要としたのではないだろうか。

それにしても、いくら登記した相乗り事務所であるとはいえ、二代目古川組に対して一言もなくマスコミを招いて記者会見をして、代替わりしてない三代目古川組の名称使用を許す任侠団体山口組とはいかなる組織なのだろうか？

設立の記者会見では、六代目山口組から離脱した神戸山口組には大義がなかったとし、四代目山健組による度を越した金銭の吸い上げの非道さと神戸山口組内での四代目山健組への贔屓待遇による他団体への迷惑さを示し、また、井上組長の優柔不断さも紹介して、以上の理由を動機のひとつとして神戸山口組から離脱した上で任侠団体山口組を結成した旨を説明した。

この記者会見では、織田代表は会場に姿を現したものの、会見には参加せずに、池田本部長（四代目真鍋組組長）をはじめとする幹部クラスだけが記者会見を行った。

この会見が発端となって、任侠団体山口組の存在を知った全国の暴力団員やその関係者らのほとんどが、

「なんじゃそりゃ？」

となった。

そして、分裂当事者である神戸山口組の面々は、

「織田は裏切者や」

とハッキリと述べた。

再統合を合言葉に、織田絆誠若頭代行（当時）がその準備活動を精力的に進めていたのは事実だが、その途中で具体策に変更が生じて、織田若頭代行が若衆を引き連れて六代目山口組に再加入するということは、神戸山口組にしてみれば、当然、裏切り行為である。

また、任侠団体山口組設立段階において、その趣旨をきちんと説明せずに通常の山健組の行事のようにみせかけて組員らを任侠団体山口組へと誘導した感もあり、神戸山口組としては「10日間の猶予を置いて、神戸山口組に戻ることを許す」とした。

この間に、ことの真相を知って神戸山口組に戻った組員らが多数いたのだった。そのなかには、引退していた元組長のもとに身を寄せてまでして神戸山口組に帰参した者もいた。

織田絆誠をはじめとする織田一派は、2017年4月上旬の時点で、名古屋にも行けず、神戸にも居とどまれず、どっちにも行けない宙ぶらりんの状態だった。

神戸山口組から織田一派を中心とした人間たちが離脱するにあたって、正確にいえば、先に絶縁処分にされているので、離脱というよりも、

神戸山口組からも山健組からも放り出された。

のだが、織田一派は記者会見でもわかるように、神戸山口組のことを徹底批判している。しかし、なぜ織田一派は、任俠団体山口組を設立するさいに、山健組内の組員たちに対して、通常の山健組の行事のようにみせかけて、組員たちを任俠団体山口組のほうに誘導して所属させる必要があったのか？

また、その後も、ことの事実を知った組員たちが多数、山健組や神戸山口組サイドに戻って行ったのは不思議といえば不思議である。

まず、会見で指摘した山健組の会費については、今にはじまったわけではなく、もともと山健組は他所よりも会費が高かった。

その組史からいっても、山健組といえば、超武闘派組織である。抗争によって、長い懲役に行く者も多く、その慰労金やら裁判費用やらで、山健組は他団体よりも組内カンパや会費が高かった。会費といっても、当初は、何かあれば集めるといったような、その都度の集金スタイルが主だった。

平和共存路線を提唱した五代目時代に入って、大規模抗争の数こそは減ったとはいえ、四代目時代に勃発した一和会抗争時の懲役者たちは依然として服役中で、山健組は他団体よりも高い会費を必要とし続けていた。定期的に会費としてシステム化されて正式に他団体よりも高め

（1・5倍程度）に設定されて集金されるようになったのは五代目時代からではなかっただろうか。

ある時点から急に会費が理不尽な高騰をしたのではなく、山健組は、超武闘派という組全体の性格上、どうしても他所よりも高い会費を設定するようになり、そうなってから、もう30年以上が経つのではないだろうか。

つまり、現在の山健組の組員たちのほとんどが、山健組は他所よりも会費が高いことを事前に理解した上で山健組に入った者たちである。

けれども高いものは高い、と述べることは、その正直さは通用したとしても、あたかもそれが理不尽に会費を高騰させた名古屋方式と同じであるとして批判するのは、いかがなものだろうか？

世のなかには「似て非なるもの」という言葉がある。一見、同じように見えても、その本質は大きく異なっているということが沢山ある。

山健組の会費については、前々から他所よりは高額だが、それは集金すること自体が第一目的であった名古屋方式とは似て非なるものである。名古屋方式による上納金制度には、そうすることで各二次団体の経済力を削いで弱体化させて服従させる目論見もあったので、山健組のように組織運営上必要とされた経費集めとはひと味もふた味も違う。

よって、任俠団体山口組のいい分は、山健組の会費が名古屋方式のようだから、ではなく、自分たちには、山健組の会費システムと名古屋方式の違いがよく理解できなかった、となるのではないだろうか。

次に、山健組への贔屓待遇については、物はいいようの範疇を抜け出せてはいないといえる。任侠団体山口組の構成メンバーはその大半が四代目山健組出身者たちである。仮に、山健組が贔屓されて、おいしい目ばかりをみていたとしたら、なぜ、彼らは山健組から離脱したのだろうか？ 山健組に居続けて、崇拝する織田絆誠のメンツが立つように各方面に働きかけることもできたはずだが、彼らは、出た。

四代目山健組は神戸山口組組長である井上組長が四代目山健組組長も兼任している。よって、四代目山健組は、たとえ組織論的には二次団体であったとしても、井上組長からの盃を直接貰った者たちの集まりである。

そんな四代目山健組に対して、いくら同門とはいえ、盃の格からいって、周囲が一歩引くのは、盃事からいえば、当然である。

カタギの方の考え方では、組織の役職や立場と盃の内容がバラバラになることがあるのか？と不思議に思うかもしれないが、実際の暴力団では、例えば、盃では彼の方が兄貴分になるが組織上の役職としては自分の方が上、となるケースが多々ある。つまり、盃によって縁が持たれるが、組織運営については、また別、というやり方である。一般社会でも、家族運営をしている会社で、必ずしも長男が後継ぎにはならず、例えば、次男が父親の跡を継いで新社長になって、長男は専務におさまったというような事例も多いだろう。だからといって、家族としての順序が変化したわけではなく、あくまでも、会社運営や組織運営上の人事としての話である。こういったことが、暴力団の組織人事でも発生している。

これは、暴利追求や組織論ばかりを前面に打ち出す暴力団スタイルと盃事根本のヤクザ集団のスタイルの両方を二足の草鞋として履いている現在のヤクザや暴力団にとって、複雑というか、その解釈がぶつかりやすい問題であり、整理するのが難しいところなのかもしれないが、盃事を優先する趣が強い現在の神戸山口組のスタイルを踏まえれば、親分の盃を尊重することは、決して、えこ贔屓ではない。

また、山健組組員たちのほうも、そのことを充分に理解して、自らの襟を正して活動するべきであるが、時には、それを勘違いして盃の上にアグラをかく者もいたのかもしれない。

そうなると、それはもう個人の性格の範疇になるので、そのさいは、一対一でケリをつけることもヤクザ渡世では容認されている。

よって、任侠団体山口組が主張するような四代目山健組へのえこ贔屓は、物はいいようという領域を抜け出せてはいないのではないだろうか。

任侠団体山口組が指摘する井上組長の優柔不断さについても、物はいいよう、ではないだろうか。井上組長にも組長としての考え方があり、それが、全組員たちと一致しない時もある。もちろん、なるべくなら一致したほうがいいのだろうが、神戸山口組と六代目山口組の敵対関係が続いている危険な状態という実際の状況を見れば、井上組長や執行部の考え方について、平常時以上に気を配って受け止めたり理解しなければならないのは組員たちの方ではないだろうか。

よって、井上組長が優柔不断であるというような物のいい方は、至極、一方的過ぎではないだろうか。

任俠団体山口組に対する六代目山口組組員の思い

神戸山口組を絶縁された織田絆誠に、所属していた組を抜けてでも、彼について行った若衆たちの決意と行動力は、ある意味、見上げたものがある。

また、それだけ織田絆誠に人望があったのも事実であろう。ヤクザ史、暴力団史のなかで、絶縁された者にこれだけの人数（100人以上）の若衆がついていったのは、ハッキリいって、歴史的快挙であり、記録的数字でもある。

神戸山口組の場合は、六代目山口組に対して、先に脱退届を提出したので、大移動が起こった。

織田絆誠と任侠団体山口組の場合は、先に絶縁されてからの話である。そして、繰り返すが、絶縁処分にされたヤクザにこれだけ大勢の人間がついていったのは本当に稀である。

六代目山口組の面々は、

「わけがわからんのぅ（任侠団体山口組の誕生について）」

「あんなもん（任侠団体山口組）まともに相手にできるか？」

「やっとることがおかしいがや」

「だいたい織田って誰やねん？」

「どうかしとるで」

「そのうち無くなるやろ」

と、任侠団体山口組について、首を傾げながら不愉快顔でコメントを述べた。

注目すべきは、六代目山口組の面々が、任侠団体山口組の誕生にかこつけて、神戸山口組のことを批判しなかったことである。

普通なら、一応敵対関係にある団体や組織が分裂して、離脱したほうがもともとの母体を否定しているのであれば、そこに乗じて、これみよがしに敵対する団体や組織のことを批判するぐらいのことはある。要するに、この機に乗じて、神戸山口組のことを徹底批判することもありえた。

だが、六代目山口組の面々は、神戸山口組を批判するよりも、任侠団体山口組に対して、

「あいつら、アホちゃうか」

というようなコメントを多く述べたのであった。

任侠団体山口組は織田絆誠を一応の代表格とした各暴力団の親睦的集合体である。先記した古川組のほかに、四代目山健組から離脱して結成された山健同志会（久保真一会長）、同じく山健連合会（金澤成樹会長）と神戸山口組から離脱した四代目真鍋組（池田幸治組長）を事実上の中心組織として、各組長らが舎弟格、相談役格、直参格に名を連ねている。勢力は大阪府・兵庫県・長野県を中心として全国各地に点在している。

精神主軸は山口組綱領にある「国家社会の興隆に貢献せんことを期す」を根本として「本来の山口組に戻すため」「山口組を糺《ただ》すため」としている。

また、任侠団体山口組の会員やそれに関わる人々が共存共栄できるような互助活動を営みたいとも語っている。

任侠団体山口組の設立にあたって、裏で、織田サイドから、現金がバラまかれたという情報がある。

任侠団体山口組の内部団体のなかには、その設立に織田代表が深く関わっている二次団体や

三次団体も多いが、それとは別に、老舗団体もいくつか存在している。そのなかには、一度は解散したが、六代目山口組と神戸山口組の分裂混乱期に、名跡復活の一環として再構築された有名団体もある。

三代目臥龍会（木村政明会長）もそのひとつだ。臥龍会は旧金澤組で、初代山健組七人衆のひとりだった金澤庸一氏が兵庫県神戸市内を根城に興した団体である。押しも押されもせぬ生粋の山健組系列の団体のひとつである。泣く子も黙る臥龍会である。

五代目時代に直系団体に内部昇格すると同時に、金澤組から臥龍会へと名称変更された。その名付け親は、渡辺五代目山口組組長であった。読書家であった渡辺五代目組長が三国志からヒントを得てその名を付けた。

当時、暴力団業界では、平和共存路線の一環として、関東と関西で棲み分けがおこなわれており、「山口組は多摩川を越えず」という言葉で代表されるように、山口組が東京都内に進出することに多少の制限のようなものがあった。

しかし、それは、東京を中心とする関東の暴力団による「こっちに来るな」といういい分であり、当時の五代目山口組からすれば「そっちがこっちに来ることについてはどうしたらええねん？」というような具合だった。

そこで、五代目山口組を代表するかたちで、関東の暴力団に対するクサビ的役割を果たしたのが当時の臥龍会だった。

山口組の番犬・臥龍会

臥龍会は堂々と、東京都港区六本木に連絡所を構え、山口組の番犬として、関東の暴力団たちに目を光らせた。山口組の番犬、臥龍会。

そのお陰で、関東で地元組織と五代目山口組系の団体が衝突を起こすことはあっても、関東の暴力団が関西にやって来て山口組と衝突することは一切なかった。

当時、臥龍会を率いた金澤会長は、もうひとりの山口組きっての喧嘩師である中野会会長と共に「西の中野太郎、東の金澤庸一」と呼ばれて恐れられていた。

ちなみに、中野会会長も山健組七人衆のひとりである。そして、中野会長のほうが金澤会長の兄貴格であった。

臥龍会はいうまでもなく生粋の山健育ちで、コテコテの保守本流という性格を持った団体で、暴力団業界では伝説的な団体だった。

金澤会長が高速道路上で事故死したあと、二代目継承が行われたが、二代目会長が病死した時点で、臥龍会は一度その歴史に幕を閉じた。

そして、神戸山口組による名跡復活の一環で、四代目山健組内で三代目臥龍会が再スタートした。そんな臥龍会が、今度は神戸山口組内四代目山健組を離脱して、任俠団体山口組に加わった。

会の方針をどうするかは当代に優先権がある。臥龍会でいえば、会の気質と歴史はどうあれ、現在の三代目会長が「こうする」といえばこうなってしまうものである。

だが、名跡復活ムードのなかで、生粋の山健組育ちの歴史を持つ三代目臥龍会が四代目山健組を離脱してしまったことに、大きな溜息を漏らす関係者たちも多い。

三代目臥龍会の木村会長としては、三代目臥龍会の発足について、当初は、神戸山口組の直系団体として名跡復活する思惑もあったそうだが、主に、その資金面で予定通りに行かず、復活話自体が解消されるところまでいったようであった。

何も無理をしてまで復活する必要はないという当たり前の理屈が関係者たちの間で飛び交ったそうだが、結論として、三代目臥龍会は四代目山健組内で復活を果たした。

だが、一度、頓挫していただけに、山健組内で復活した三代目臥龍会は復活当初からその活動資金に困窮していたようである。

そんななか、織田一派から三代目臥龍会に対して資金提供がなされたという。そして、生粋の山健育ちの歴史を持つ三代目臥龍会は山健組を離脱して任俠団体山口組に参加したという。

「要するに金なのか？」

臥龍会を知る多くの山口組関係者たちは、三代目臥龍会が任侠団体山口組についたのなら任侠団体山口組のほうが山健イズムを兼ね備えているのではないか、とはならずに、ただひたすらに、

「臥龍会は変わった」

「臥龍会はどんなに貧乏してでも山健組のなかに残るべきではないのか」

「あの三代目って誰やねん？　何を考えとんねん？」

「あんなもんに臥龍会を名乗らしたらアカンやろう」

「意味がわからんなぁ」

「名前を利用しとるだけちゃうか？」


と口々に嘆くだけだった。

ハッキリいって、かなりの歴史を持つ団体である。ピカイチのブランド力を持っているともいえる。それゆえに、臥龍会という名称にこだわるのもわかるが、ヤクザをするだけなら、わざわざ臥龍会の名を持ち出さなくても、別の団体名でもできる。

もしも、歴史に裏付けされたブランドにこだわるのなら、その分だけ会としての立ち居振る舞いには充分に気を付けるべきではないだろうか。

由緒というものにこだわるのならば、会が歩んで来た歴史を継承して、その道を全うするがごとく、昔から続く一本道を歩んで行くことが必須になるのではないだろうか。

現在の臥龍会をどうするかについては、当然に、三代目会長の方針が最優先されるのもわかるが、四代目山健組から離脱するのであれば、臥龍会の名は一度返上して、新たな別の団体名を名乗る選択肢はなかったのだろうか？

三代目臥龍会の現状については、山健組はもちろん、神戸山口組、そして、六代目山口組からも「どういう事情にせよ、残念である」といわれ続けている。

任俠団体山口組は、前出の古川組の件といい、この臥龍会の件といい、どこか大きな無理を抱えているような印象を業界内に浸透させている。歴史と伝統を重んじているようで、その中身が伴っていないというか、ブランドにこだわりすぎて必死に帳尻あわせに終始しているようにも見える。

絶縁された者に大勢の人間がついていったという、前代未聞の成り立ちを持つ新しい団体であり、その存在自体が、ヤクザ社会や暴力団業界に一石を投じたことは間違いない。そんな新感覚的な団体だが、依然として、ブランド力や誰かが創った伝統にしがみつこうとしているところに大きな矛盾と疑問を感じてならない。

任侠団体山口組から任侠山口組へ

任俠団体山口組とはいったい何なのか？

任俠団体山口組では、その組織上の役職名に、暴力団組織とは一風異なる名称を用いている。本部長や本部長補佐、舎弟や相談役といった暴力団やヤクザ集団にありがちな組織上の役職名のほかに、例えば、「情報戦略局長」や「警護隊長」「治安維持隊長」、さらには「国防隊長」までである。まるで国家のようである。もしくは、某国のスパイ機関のような役職名がいくつも存在している。

その昔、関東の某老舗暴力団が、探偵業をはじめたさい、尾行係とか速記係とか撮影係といった探偵業務にちなんだ役職名を作ったことがあったが、それはあくまでも、事業として探偵業を遂行する上での話であって、任俠団体山口組の場合は、いったい、どういう目的でこういった役職を併設したのだろうか？

情報戦略局長については、情報化社会に対応するために設置したといわれれば何となく理解できるが、警察の仕事である「治安維持隊長」と自衛隊の仕事である「国防隊長」というのはいったいどういった役割を担っているのだろうか？

任俠団体山口組は、一辺倒な暴力団組織ではなく、「国家社会の興隆に貢献せんことを期す」という理念を根本にして、社会貢献を目指すという。その決意のひとつの表れが、治安維持隊長や国防隊長といったところなのだろうか。

報道機関は任俠団体山口組のこういっためずらしさを見て「指定暴力団として指定されないように手を尽くしている」と報道しているが、果たしてどうなのだろうか？

織田代表は多数の歴史的書物を読破している人物だという。特に、田岡一雄三代目山口組組長が崇拝していた頭山満《とうやまみつる》（近代右翼の祖）関連の書物については、集中的に読み解いているのだという。

頭山満は日本近代史はもとより右翼史のなかでも偉人とされており、明治から昭和初期にかけて活動した大アジア主義の巨頭である。アジアの活性化のために、真の日韓合邦（日韓対等合併）を唱えた偉人である。

頭山満は玄洋社という国民団体を率いていた。玄洋社は日本の歴史上、自由民権運動の草分け的存在であり、政界をはじめとして日本各所のさまざまな基幹分野に多くの人材を輩出したことで知られている。また、いくつもの有名私立大学や病院の設立にも多大なる貢献を果たしている。近代日本を民衆の立場から築いたのは玄洋社であり、頭山満である、といっても過言ではない。これほどの偉人が、学校教育の現場で、社会や歴史の教科書にその名と功績が登場してこないのは、日教組教育と文部科学省の最大の汚点であると叫ぶ近代歴史研究家たちも多い。

頭山満関連の書物を読み漁ることで、織田代表も、建国精神や社会貢献の重要さを充分に理解して、任俠団体山口組を単なる暴力団として埋没させるのではなく、志を持った国民団体としての性格も持つようにしたいという将来的展望があるのだろうか。

団体名にわざわざ「任俠」の言葉を用いているのが任俠団体山口組である。任侠道を以って会を成すのであれば、まずは、組内にある古川組（任俠団体山口組本部長補佐）について、古川組の名称使用を辞めるべきではないかという声が多い。

本来の神戸山口組幹部古川組と任俠団体山口組本部長補佐古川組との間で、意見の食い違いや正統性争いのようなことがあったとしても、古川組から抜け出た古川組は、世間や業界の混乱を避けるために、一目で、別の団体であるとわかるような名称を使用するべきではないだろうか。それが任侠精神を以って世間様と付き合っていくことの第一歩ではないだろうか。

由緒ある資産家の家に嫁いだ女がいたとする。わけあって、離婚することになったが、その女は資産家の名にあやかりたいがために、離婚後も、公的な理由もなく資産家の苗字を勝手に使用し続けている。古川組の一件は、正統性争いよりも、単なる自己顕示欲からくる権威付け目的のように感じられてならない。その場合、欲深な女だなと噂されるのと同様に、否定されるのは、前者の古川組ではなく、任俠団体山口組に属する後者の古川組のほうである。

二代目古川組を預かる古川恵一組長の人柄やその手腕については、初代古川組若頭時代から賛否両論である。

初代組長の実子であったことから、一兵卒から極道を始めた叩き上げのバリバリの古川組組員とは色彩が異なるとして、よくも悪くも、賛否両論であった。

二代目古川組を抜け出て、三代目古川組を結成した面々は、初代時代からのバリバリの古川組のメンバーが多い。そういった面から、そもそもは初代古川組時代から溜め込んだ不満が一気に爆発して、勝手に三代目古川組を名乗り出したのかもしれない。

しかし、やはり代替わりしていないのに勝手に次代を名乗ることはよろしくはない。また、三代目を勝手に名乗るさいに、これまた勝手に、二代目引退説を流布したことも、ヤクザとして、仁と義で構成される互助心を基礎とする任侠精神を踏まえれば、言語道断ではないだろうか。正直さの欠片《かけら》もなく、あまりに利己的で策略的過ぎてはいないだろうか。

二代目古川組は、その後、三代目を名乗るメンバーを絶縁処分とした。そして、古川恵一二代目古川組組長は、正式に、二代目古川組内から三代目を輩出して、自身は総裁職に就いた。

これによって、任俠団体山口組内三代目古川組は、その名称から、三代目を外したが、今度は、自分たちのほうこそが本当の古川組であるとして、新たに古川組と名乗るようになった。

その結果、神戸山口組内三代目古川組と任俠団体山口組内古川組が存在するようになった。

繰り返すが、任俠道の観点からいえば、後者の古川組は、一目で、別団体とわかるような団体名を用いるべきである。別に、古川組の名称にちなんだ団体名でも構わない。同じであるということが、世間様に、不必要な混乱を起こすことになるからである。

もしこれが、ギャングや愚連隊のブランド看板争いなら、己の自己顕示欲と感情だけで突っ走ればいいのかもしれない。そうなってくると、任俠団体山口組の「任俠」という文言は不要になってくるのではないだろうか。

その昔、西日本に評判のヤクザ者がいた。彼が所属している団体の理事長だったころ、若い者に対して「何でも好きにしろ、ケツは全部俺が持つ」といって、すべてを有言実行した。イケイケの理事長で、そのカッコよさは見事だった。方々からも聞こえのいいヤクザとして一目置かれていた。今では立派な会長として地域のカタギさんたちからも抜群の人気を誇っている。

そういった「親分肌」や「兄貴肌」のカッコよさと、任俠団体山口組が所属する団体に古川組の名称使用を認めることとはニュアンスが違うだろう。

任俠精神が失われつつある今の時代に、せっかく任俠道を前面に打ち出す団体を創っていくのなら、たかが名称使用、たかがネーミング程度とならずに、ぜひとも、任俠団体山口組には古川組の件を再検討してほしいところである。

彼らが崇拝する田岡三代目組長ならどうしたか？　頭山満ならどうしたか？　そういった思考があったとしてもいいのではないだろうか。

任侠団体山口組には、事業として、海外進出の展望があるという。「国防」の一環として、海外に拠点を持つ日本企業の周辺警備などを受け負えたら、という事業計画があるようである。

アジア地域に進出した日本企業の社員たちから、現地で酷い目にあわされた、とか、現地での取引時に相手方に騙されて大損させられたという話をよく耳にする。それが原因となって、現地から撤退した日本企業も多い。

また、企業の商品力を活かして海外進出をはかりたいが、現地の悪徳ブローカーや得体のしれない人間たちが邪魔をして、なかなかスムーズに進出ができず、もう10年近くも足止めをくらっているという日本企業も多い。

こういった出来事が日本の経済ニュースとして取り上げられることは皆無で、各日本企業と海外との局地的且つ現実的な摩擦劇は、残念なことに、日本の一般市民の知られざる世界での出来事とされている。

こういった部分に、警備やコンサルタントというサポート目的やフォロー的立場で介入して、日本企業をしっかりと守って、その損害や困難を減らし、海外での日本企業の営業活動をしっかりと達成させるという目論見は日本経済全体にとっても非常に重要なことではないだろうか。

本来は、外務省がやるべきことなのかもしれないが、外務省がそれを得意としないのであれば、庶民のなかの誰かがやってみるのも悪くはない。

任俠団体山口組がもしそれを本当に実践するのであれば、それはそれで、日本経済にとっては有難いことではないだろうか。

わかっていても、今までなかなかうまくいかなかったことが、有志の念で、達成されたとあれば、こんなにすばらしい社会貢献はないだろう。

任俠団体山口組には、説明のしようがないほどの不可解な点もあれば、聞けば立派で高尚な目的意識もあって、その両方が、アンバランスに混在しているのではないだろうか。

任俠団体山口組はまだ若い団体である。現在は創成期であるともいえる。そういう時期には、どんな団体でも、試行錯誤が繰り返され、訂正や変更や修正といった作業が繰り返されるものである。

そういった団体に対して、その一言一句を指して、公言と違うとか約束と違うとか諸々のクレームを入れたところで、入れるほうが先走りしているともいえる。

しかし、任俠団体山口組の誕生の裏にある曖昧で謎めいた部分や不透明な金の動きについてはシックリいかない印象も多い。

そして、任俠団体山口組はその団体名を「任侠山口組」と改めた（2017年8月〜）。

実は、名称については、任俠団体山口組発足当初から、任侠山口組の方がいいのでは、という意見も多かった。任俠団体山口組という団体名は、本来は、任侠団体「山口組」とか、任侠団体・山口組という表記をしたい意図があったはずである。例えば、NPO法人○○会や社団法人○○協会といったように、団体の格を冠にしたうえで一行で総合的な団体名称を表現したかったわけだが、日本には任侠団体という法人格もなければそういった団体に関する事例もなかったことから、任俠団体山口組がまるで一言名称のような使い方で広まった。そのことで、同一名称のなかで「団体」と「組」という類似語の重複があるとか、日本語の使い方がおかしいといったような指摘が各方面であがっていた。

また、任俠団体山口組の「俠」の字が、インターネット上で表記し難く、ネット記事の多くが「任侠団体山口組（「侠」の字は正字体です）」というような表記を繰り返した不都合さも任侠山口組に名称変更された要因のひとつであるとされている。

改名されたことで、任俠団体山口組は、2017年4月〜2017年8月というわずか4カ月足らずの存在でしかなかったが、解散したわけではなく、その団体名が新名称になっただけで、団体の中身が特に変わったわけではない。

よって、任侠山口組は、団体発足当初は任俠団体山口組と名乗っていた、という程度に解釈しても間違いではないだろう。

また、任俠団体山口組から任俠山口組への改名は、そこに集まったメンバーひとりひとりの「やる気」の表れでもある。いわゆる、団体としての発展を目指した名称変更として理解することができる。

任俠山口組は改名した同月（2017年8月）に任俠山口組本部長・四代目真鍋組事務所で記者会見を開き、任俠団体山口組発足時の記者会見の時とほぼ同じ内容で、神戸山口組及び井上組長に対する公開批判をおこなった。わざわざ記者を集めて意思表明をするのなら、批判に徹するよりも、今後の活動方針などを具体的に示してもいいとは思われるが、任俠山口組の今後については不透明なままだった。

「任俠」を頭文字に据えた任俠山口組。依然として、大きな矛盾と疑問をはらんでいる任俠山口組。その存在自体が暴力団業界における新しい試みであることに違いはないが、その不透明な一面を考慮すると、日本国内に、一風変わった団体が設立されたというしかないところでもある。

結局、今のところ、山口組がひとつになることはないのだろうか……。

神戸山口組と六代目山口組の再統合は、環境不備や意見の食い違いから、二転三転し、多額の資金提供を受けていた織田絆誠氏が絶縁されたことで、その摩擦から弾き出されたかのようなかたちで、第三の山口組と呼ばれはじめた任侠山口組も現れた。

まるで三国志のようであると、大昔の戦乱の世に例えればそれまでかもしれないが、社会の安全と治安維持を踏まえれば、そして、各団体が、任侠道を掲げるのであれば、あるべき場所に着地して、世間様を安心させる必要があるのではないだろうか。

山口組は、ひとつでなければならない。
山口組は、ひとつであるべきである。
そして、
山口組は絶対に「山口組」でなければならない。

補追・「三つの山口組」に対する当局の見方

元組織犯罪対策四課だったK氏は、現役時代、所轄エリアに複数の暴力団事務所を持つ激戦区の「マル暴」として活躍し、多くの暴力団員を逮捕した経験を持つ。そんなK氏に、六代目山口組と神戸山口組の抗争について「両者には本抗争をしている意識はないようですが、当事者のいい分を無視して当局が〝敵対抗争中〟とするのはなぜですか？」と訊いてみると、

「当事者が（六代目山口組と神戸山口組が）そのようにいっていたとしても、実際に日本の各地で山口組関連の暴力団事件が多数起きています。その検挙数と社会の安全を考慮した場合、ふたつの山口組が敵対抗争中であると認定することは妥当かと思われます」といった説明が返ってきた。

これは、たとえば、ひとりの刑事としての意見ではなく、警察全体の統一見解のようにも感じられた。

「そうなると、逮捕された組員たちは、個別の事件として逮捕されるのではなく、抗争による事件の容疑者としてみんな逮捕されてしまうのでしょうか？」と訊ねてみると、

「その事件が抗争と関係があるのかないのかについては、取り調べと検事さんの判断によりま

すが、例えば、暴力団らしき人物が暴れているとか、そういう通報が入った時は、抗争に関わる事件が起きていることを覚悟して現場に向かうようになるとは思います」との回答だった。

通常、町中で起きた喧嘩の通報時は、まずは近くの交番のお巡りさんが自転車で駆け付けて、その状況を確認してから、次の行動に入る場合（例：応援が来るなど）も多いが、通報の段階で、その喧嘩が抗争と関係がある可能性が高いと判断された場合は、防弾チョッキを付けて拳銃を携帯した警察官たちがバスで現場に急行して来ることもありえるのである。

居酒屋で、酔っ払い同士が喧嘩をしていて、近くにいた人が携帯電話で通報した場合、たまたま「暴力団風の人が」と付け加えていっただけで、数分後には、その居酒屋が武装した警官隊に包囲されている可能性もある。通報する際は、くれぐれも気をつけなければならない。

過去の暴力団抗争の現場で、暴力団組員が、私服刑事のことを敵対組織の暴力団員と間違えて射殺した事件もある。暴力団抗争は、市民に対してもそうであるが、治安維持のプロフェッショナルである警察にとっても危険極まりない事案のひとつである。

そして、やはり、情報というものは大事である。いいそびれても意味がないし、変に脚色をすれば間違いの元となる。K氏のように現場を駆けまわった元刑事ともなれば、現職時代は、より正確な情報を入手するために、暴力団関係者から情報収集をした経験も多い。

「マル暴でしたから、暴力団員に知り合いがまったくいないというのは嘘になりますが、情報

収集については、現役よりも、元暴力団員から訊くことが多かったですね」（K氏）

喫茶店などで会って話を訊く場合、元暴力団員のほうが、現役暴力団員よりも、人目を忍ぶ必要がない、といった理由が、元暴力団員から情報を採るもっともな理由だった。また、本題としては、現役暴力団員は、直接警察に話さないようなことでも、付き合いのある元暴力団員には、つい、気を許して話してしまうこともあり、そうやって元暴力団員が現役から得た情報を、今度は警察が元暴力団員から訊き出すのである。これはなかなか巧妙な手法ではないだろうか。

「暴力団員が足抜け（引退）をしても、社会復帰するのがなかなか難しい昨今ですが、警察勤務経験者として、それについてはどのような印象やお考えをお持ちですか？」と質問してみると、

「各都道府県でも、暴力団を辞めたいという人のための相談窓口を設けています」

との言葉が返って来た。そして、ここからは、Q＆Aにて、K氏とのやり取りを記述する。

Q　それは電話相談みたいなものですか？

K氏「はい。まずはお電話で内容を伺ってから、日時を決めて面談をすることもあります。そのなかで、元暴力団員への再就職案内をしているNPO法人をご案内したりしています」

Q　それでもなかなかうまくいかなくて困っている元暴力団員の方も多いとは思いますが、そういった点についてはどのようにお考えですか？

K氏「今のところは、相談窓口や支援センターのようなものを各自で活用して貰うしかないと思います」

Q　先日、警察OBの方たちで作っているセキュリティ会社のことを知りました。その会社は、各企業に対して、コンサルティングというか、簡単にいえば、暴力団や詐欺集団などから脅されたり騙されたりしないために、その会社と顧問契約をすれば大丈夫みたいな感じの会社でした。ほかに調査部門も持っていました。

もしも、暴力団を辞めた元暴力団員たちがそれと同じような会社を作って、各企業に営業をかけた場合、それは脅迫とか恐喝とか強要にあてはまるのでしょうか？

K氏「その会社が一般の会社であって、一般的な営業活動の範囲内であれば、一応は、脅迫やその類の容疑にあてはまることはないと思います」

Q　三つめの山口組といわれる任侠山口組について、彼らのことを暴力団だと思いますか？

K氏「たしか、直接の指定はまだ受けてなかったですよね。今のところは、法的には、任侠団体山口組の件は、神戸山口組の内紛扱いで、神戸山口組の指定枠のなかにあったと思いますので、そういう意味では、彼らは暴力団でしょうね」

Q　任侠山口組では、国防隊長や警護隊長という役職を作って、日本の治安維持に協力したいそうですが、どういう印象をお持ちになりますか？

K氏「まだ得体のしれない組織であると思われます。そういった組織で今のような名称が用いられたからといって、それがすぐに言葉通りになるとは思われません。正直なところ、国を警備したり治安維持に努めることはそう簡単なことではありません。今からやってみることにしましたといってはじめてもすぐにできるようなことではありません。警察官も日々訓練を積みます。私の知る限りでは彼ら（任侠山口組）がそういった訓練を積んでいるとは思えません」

Q　今の暴力団と昔の暴力団で、同じところや違うところはありますか？

K氏「法律が変わりましたから、例えば、アパートを借りられないとか。私も現職時代に、勝手に引っ越した暴力団員を署に任意で呼んで話したことがあります。結婚したばかりで、赤ちゃんと若い奥さんがいました。訊けばそれが理由で引っ越しをしたようでしたが、もしそれが、そういった引っ越しではなく、暴力団事務所を移設したり新設するためのことだったら、私は彼に対してまったく別の話をしたと思います」

Q　ほかに違うところはありますか？

K氏「私が警察に勤務しはじめたころは、暴力団といえば、ひとつのパターンのようなものがありました。喧嘩はよくするが泥棒はしないとか、飲み屋で暴れることはあっても駅や繁華街といった人通りの多い所では静かにしているとか。それが、退職する頃の暴力団員になると、オレオレ詐欺をやっていたり、繁華街で必要以上に虚勢を張っていたり、先ほどいいました暴力団の行動パターンというものがよくわからなくなったことがありましたね」
Q　山口組の現状についても同じような感覚を持ったりはしませんか？
K氏「そういわれてみれば、なくもないですが、しいていえば、任侠山口組という組織については、元マル暴として、ああいうのはあまりよくないだろうと思いますね」
Q　それはどういう意味ですか？
K氏「得体のしれない組織ですから、具体的にどうのこうのとはいい難いんですが、暴力団があんなに自分たちのことを話したり見せたりするのは、私としては、少し、意外でした。まったく想像もつきませんでしたね。さっきお話ししました暴力団の行動パターンとは大きくかけ離れているように気がしました」
Q　可決法案となった共謀罪について、どのような印象をお持ちですか？
K氏「ああいった法案ができると、警察としては、捜査が非常にやりやすくなると思います」
Q　どういった点でやりやすくなりますか？
K氏「現在は、町の至る所に、防犯カメラが設置されています。防犯カメラの映像が決め手となって逮捕検挙に至った事件は多数あります。そして、今度は、防犯カメラに加えて通信もプラスになれば、ありとあらゆる犯罪に対応できるようになるといった次第です」
Q　共謀罪の論争点に、どこからが容疑者でどこからが捜査対象者なのか？　といった点がありますが、K氏さんのご経験も踏まえて、この点についてはいかがお考えでしょうか？
K氏「容疑者については、これまでと同じ判断といいますか、まず、被害者からの訴えがあったり、通報があったり、また証拠や証言があったりといったところが判断基準になると思います。そのうえで、容疑者と近い人物が、例えば、捜査対象者になるとすれば、なるでしょうね。そういったところは、当然に指導が入りますし、まずは、検事さんの判断を仰ぐかたちになると思われます」
Q　共謀罪はテロ等準備罪といわれて、テロリストやテロ被害対策のようにも思えますが、実際のところ、海外のテロリストたちが日本にやって来て、ニュースで見るようなテロ行為をした場合、日本の警察はどこまで対応できるのでしょうか？
K氏「警察は警察の立場でやる、ということになります。私もニュースを見て思うのは、海外のようなテロの現場では、その国の軍隊が活躍していますので、日本でいえば、自衛隊が今よりも活躍するようになると思います。実際にもうそういった訓練もしているようですし。警察については、警備体制の強化もありますが、警察は逮捕するのが仕事ですので、犯罪者を見つけて逮捕検挙するということが中心になっていくのではないかと思います」
K氏は元刑事である。今は現職ではないとはいえ、その眼光は、これまで長い間、警察業務に従事してきた警察人としての輝きと力強さが見て取れた。

K氏の話が警察全体の総意ではない。だが、ひとりの元刑事からの話をここに掲載するだけでも、警察が犯罪捜査に対して熱心に向き合っていることがわかる。そして、暴力団に対しても、よくも悪くも、警察なりの見方というものがあり、我々が暴力団というものを理解するうえで、ひとつの参考になったのではないだろうか。

第4部

ヤクザと暴力団、その歴史背景の違い

ヤクザとはなんなのか？

そもそもヤクザとは何者なのか？　そもそも暴力団とは何者なのか？　学校の不良青年やヤンキー兄ちゃんが歳をとったのがヤクザ者であり暴力団員ということなのだろうか？　そんなはずはない。

そもそも「暴力団」という呼称は、第二次世界大戦後（1945年〜）に当時のマスコミ各社が報道するさいの造語として生まれた。

新聞などで「暴力団」という単語が当然のように使用され、その後に、警察機関も「暴力団」という言葉を認定して用いるようになった。

この呼称が完全に一般へ浸透した1970年代には各企業の渉外マニュアルにも「暴力団」「暴力団員」という単語が正式に使用されるようにもなった。

インターネットのウィキペディアなどでは、警察が警察白書などで暴力団という呼称を認定した後にマスコミが使用するようになったと解説されているが、警察機関の認定よりもマスコミのほうが先に「暴力団」という呼称を使用して一般社会に流布されたのが実際の歴史の詳細である。

その後、暴対法や暴力団対策法と略される「暴力団員の不当な行為の防止等に関する法律」という特別刑法（1991年〜）によって「暴力団」という呼称がそれまで以上に法的定義を持つようになった。

2013年からは、主に、世間から「半グレ集団」と呼ばれている連中のなかで、特に暴力団との類似行為が顕著な半グレ集団については「準暴力団」（警察認定）として規定及び認定されるようにもなった。

なんにせよ、暴力団という言葉は、そもそもは、市民やマスコミや当局が生んだ造語であり、日常的には「暴力団」と「ヤクザ」は同義語とされている。

しかし、ヤクザは、暴力団と認定される以前から日本国内に存在しており、暴力団と同義として扱われなかった時代のほうが長いという歴史を持つ。

天皇家とヤクザ

ヤクザの起源を「博徒」とするならば、ヤクザの発祥は、日本書紀や万葉集によると、スゴロクやサイコロと共に大陸からさまざまな種類の博打が伝来した飛鳥時代（592年〜）や奈良時代（710年〜）にその原型が形成されて、博打の流行と共に、その次の時代である平安時代

（794年〜）に定着化したとされている。

当時の博打は、今では考えられないが、お寺や神社の広間で開帳されることが多かった。その理由は、博打が日本に伝わって来た飛鳥時代後期のわりと早い段階で当時の持統天皇によって、事実上の庶民博打禁止令である「スゴロク禁止令」が発令されて、公共賭博以外はできなくなったからである。つまり、公共賭博だけが許され、公共賭博はお寺や神社の広間でのみ開帳されたのである。

神社やお寺の修復費や祭事の運営費を捻出するための「公共賭博」は、博打のあがり銭を、神社やお寺、ゆくゆくは天皇家に献上する目的による賭場開帳だったので、庶民は公共の場である神社やお寺の広間で博打を楽しんだ。博打の元銭のことを「テラ銭」といったりするのはこういった歴史的語源に由来する。

この頃から、博徒という「ヤクザ」が日本の歴史に登場するようになった。ヤクザは神社やお寺で開帳するさいの案内人や警備係から始まり、手先の器用な者は合力や振り師といった賭場の直接的なスタッフとして働くようになった。

その面々の内わけは、無職者やならず者たちだったという。その理由は、無職者やならず者たちを野放しにして野党化や悪党化されて、今でいう強盗のような賭場荒らしをされるぐらいなら、賭場のスタッフとして雇用したほうがいいという天皇行政によるものだった。

よってヤクザは、そもそもは、神社やお寺の博打スタッフという出発点を持っている。現代のヤクザ事務所に提灯や神棚などがよくあるのは、組長の趣味によるものではなく、神社やお寺のスタッフだったという古来からの伝統によって、また、その名残りのような考え方によるところである。

公共博打以外は禁止されていたとはいえ、娯楽に乏しかった庶民たちの間では、ヤクザたちによって密かに賭場が組まれた。ヤクザが定着化した平安時代のことである。

ヤクザが、歴史上神社やお寺のスタッフだったとはいえ、どこか裏稼業的なのは、密かに賭場を運営し続けていたからである。

しかし、ヤクザが、裏稼業人であるにも関わらず、庶民の人気者という顔も持っていたのは、庶民と一丸となって、庶民の要請に応える形で娯楽である賭場を運営していたからである。

非公式の賭場が頻繁に存在していた平安時代の段階で、賭場を維持するために、見張り役、案内人、盆のスタッフなどの構成人員を確保するために、ヤクザは、すでに集団化していた。

その後、鎌倉時代（1192年〜）から武家政治が始まり、天皇家が政治の表舞台から消えたことによって、天皇主導だった公共博打もその繁栄が縮小したが、町場では、依然として庶民の人気娯楽として闇賭場が存在していた。

それからの日本は、国内戦乱の世となり、戦国時代が終結したとされる安土桃山時代（157

3年〜1603年）には、「かるた」による日本初のカードゲーム方式（それまでの単純なかるた遊びとは違うルール）が考案され、庶民の間でそれが大流行して、当時のかるたである「花札」が賭場の世界でも頻繁に用いられるようになった。

そして、江戸時代（1603年〜）には、度重なる財政難を打破するために、幕府主導で、再び公共博打が強化されて、伝統的ないくつかの博徒たちが再び歴史にその名を残すようになった。

そのせいで「ヤクザや博徒の発祥は江戸時代」とされることが多いが、そもそもはもっと前の平安時代からいたのである。

ヤクザの呼称語源は、顔役という意味での「役座」を「ヤクザ」としたとも、博打で負け札を意味する「八」「九」「三」を組み合わせて「ヤクザ」としたともされている。

おそらく、それらは俗語や隠語の範疇であり、その両方がヤクザの語源であると思われるが、時代的には、博徒がヤクザであるならば、博打伝来の歴史的早さからいって「八」「九」「三」からの「ヤクザ」が先ではなかったかと思われる。

そして、賭場のスタッフであった「ヤクザ」たちの出自が、無職者やならず者たちだったことから考察すると、ヤクザとは、博徒である賭場のスタッフたちだけを指すのではなく、広義の意味で、無職者やならず者たちも含めて、そういった人々のことを「八」「九」「三」の隠語を用いて、総じて「ヤクザ」と呼んだと考えるのが自然だ。

よって、賭場のスタッフでなくとも、ヤクザと呼ばれる人たちがいた。こういった人たちは、江戸時代になってから、今でいう消防隊である「火消し」や警備職である「十手持ち」「おかっ引き」として行政側に認定採用されていたので、なおさら、ヤクザの発祥が江戸時代とされることが多い。

ともかく、ヤクザと呼ばれる人たちは「公共博打の賭場のスタッフ」「火消し」「十手持ち」「おかっ引き」などに代表される人たちであることに変わりはない。

近代社会に置き換えてみると、公共博打＝競馬競輪競艇など、火消し＝消防庁、十手持ちやおかっ引き＝警備会社や探偵会社などとなるのではないだろうか。しかし、現代の消防隊は公務員であり、警備会社や探偵会社の人たちは、いうまでもなく、ヤクザではない。

現代のヤクザと暴力団、その違い

現代のヤクザは、正業を持つ者もいるが、無職状態の者も多い。また、そのなかには、反社会的な活動に明け暮れている者も多い。

そして、ヤクザのなかでも、特に反社会的な活動をおこなうヤクザ者たちが中心となって「暴力団」と呼ばれるようになった。

「ヤクザとは何者なのか？」

と考えた時、現実的には暴力団と同意とされてもしょうがない面も多いが、歴史やルーツからいえば、ヤクザは「八」「九」「三」という隠語で総称される人たちのことである。無職であるヤクザが、正業ではなく、例えば、覚醒剤売買で代表されるような反社会的活動に手を染めたことで、その者は「暴力団員」と呼ばれ、その者が属する集団は「暴力団」として認定されるようになった。

要するに、ヤクザと暴力団員とは、歴史も伝統も異なることから、区別して考えるべきであるが、そうはならないという現実がある。

ヤクザの仕事であった「火消し」が現代の「消防隊」であるならば、消防隊のルーツは暴力団である、といい切るのは、かなり難しい。

やはり、ヤクザと暴力団とは区別しておく必要性があるのではないだろうか。少なくとも、暴力団の前身は「ヤクザ集団」だったとハッキリと明示しておいたほうが誠実ではないだろうか。

「ヤクザと呼ばれる人たちのなかには暴力団化した危険な集団や悪い組織もある」と公示すべき

郵便はがき

料金受取人払

新宿局承認

739

差出有効期間
平成30年6月
30日まで

160-8792

864

東京都新宿区愛住町22
第3山田ビル 4F

(株)太田出版
読者はがき係 行

お買い上げになった本のタイトル：

お名前

性別 男・女

年齢 歳

ご住所 〒

お電話

e-mail

ご職業

1. 会社員
2. マスコミ関係者
3. 学生
4. 自営業
5. アルバイト
6. 公務員
7. 無職
8. その他（　　）

記入していただいた個人情報は、アンケート収集ほか、太田出版からお客様宛ての情報発信に使わせていただきます。

太田出版からの情報を希望されない方は以下にチェックを入れてください。

□ 太田出版からの情報を希望しない。

本書をお買い求めの書店

本書をお買い求めになったきっかけ

本書をお読みになってのご意見・ご感想をご記入ください。

＊ご投稿いただいた感想は、宣伝・広告の目的で使用させていただくことがございます。あらかじめご了承ください。
＊太田出版公式HP（http://www.ohtabooks.com/）でもご意見を募集しております。

ではないだろうか。

現法における暴力団としての指定要因は、要約すると、その集団内に反社会的活動に該当する前科を持つ者が一定以上いた場合は「指定暴力団」となる。つまり「全員ではない」のである。あくまでも「一定以上」である。

注目すべき点は、反社会的活動の前科はないが、指定暴力団として指定された集団に所属しているだけで暴力団員にされた者はどうすべきかということである。

暴力団とされる要因はその個人にはないが、指定暴力団に所属しているというだけで、暴力団員とされてしまうという「どんぶりさ」である。

たしかに現実的には、指定されるだけの原因と理由がある指定暴力団に所属しているだけでもれっきとした暴力団員であることに違いはないのかもしれないが、集団としての歴史やルーツが異なるヤクザ集団と暴力団とを同一視し過ぎることは、日本の歴史の事実と異なるのではないだろうか？


ヤクザは「八」「九」「三」という俗語で呼ばれた人たち。

暴力団は現法の指定要因にあてはまってそう呼ばれる人たち。

これが史実的には正しいと思われる。法的にもそうあるべきではないだろうか。そして、**ヤクザのなかには「指定暴力団」と「そこに属する暴力団員」として指定された連中もいる。**

となるのではないだろうか。

ヤクザと暴力団を区別すべきなのは、前記した通り、同一視し過ぎると、消防隊のルーツは暴力団で、公共ギャンブルである競馬場のスタッフも昔は暴力団だったという誤った歴史的認識が広まる可能性が多分にあるからである。消防隊員や競馬場のスタッフたちのルーツは暴力団ではない、とここに再記したい。

そして、いつまでも後ろ髪を引かれるようにシックリとこないのは、指定暴力団に所属しているだけで暴力団員として認定をされてしまったヤクザ者たちの存在である。

ヤクザ者と暴力団員が異なるのなら、暴力団員としての認定を避けるために、指定暴力団から離脱すればいい、という考え方もある。

しかし、現実的な人間社会で「今さら組を抜けるわけにはいかない」という人情的な思考もある。「ヤクザの歴史や伝統」と「暴力団として認定するという法律」との間で板挟み状態になっている者が多くいる。

また、現実的には「ヤクザと暴力団の二足の草鞋状態」になっている者もいるといえる。それが極少数だったとしても「いる」という事実がある。

ヤクザと暴力団の違いは、その歴史的ルーツだけでなく、精神的な面でも大きく異なる。

暴力団は「暴力の威力を背景にして、生計の維持、財産の形成、事業遂行資金を得る集団」である。それはつまり、利益追求型の集団であり、その利益を得るためなら暴力行為や反社会的活動も厭わない連中である。例えば「哲学」よりも「どんなやり方をしてでも現金収入を第一とする集団」のことではないだろうか。

これに対して、ヤクザは「八」「九」「三」の隠語で総称される人たちのことである。無職者やならず者といったように比較的に社会的地位の低い出自の人々がその中心で大多数であったことから、彼らには、宗教とはひと味違った互助的思想が根強くあった。

社会的地位が低い人々の生活様式は、億万長者や権力者たちのそれとは大きく異なる。

億万長者や権力者たちはいつの時代も最高の医療を受け、子供の頃から高等な教育にあやかることや、大人になってからも自分の利益に有利な利権ビジネスに関わることも容易である。

しかし、社会的地位が低い人たちは、常に「誰かが決めたルールのなかで、誰かに指示されて、誰かよりも労働時間が長いわりにはその誰かよりも給料は低く、健康を害してでも高等医療を受けることはできない」という辛い現実がある。

そこには愚痴ってもしょうがないという社会構造と社会的システムという高くて分厚い壁のようなものがある。世のなかを斜めに捉えて拗ねて生きるよりも、自分たちの幸福な人生を実現するためにもできる限りの努力をして前向きに生きて行こうという幸福論的観点を持つようになる。

それを達成するために「八」「九」「三」で総称される人々は、ほかの社会的地位の低い人々たちと共に「相互協力」「互助関係」を築いた。

彼らの「相互協力」や「互助関係」という考え方の基本要素には「任侠精神」というものがあった。

儒教的な道徳の根本要素である「仁」と「義」を以って、困っている人や苦しんでいる人がいたら、まずは助ける、そして、助け合うという考え方。後に「義を以って和と成す」といわれるようになった互助精神のひとつが任侠精神の大筋である。

仁とは、広く他人や物事を思いやって、いつくしみの心を持つことで、義とは、道徳的且つ倫理的な行動を心掛けて、また、それを実践することである。

仁義とは、儒教では「人が踏まえるべき道」とされており、仁義根本で人々が互助関係を育んで実践することを「任侠精神の実践」「任侠道を行く」と呼ぶ。

「八」「九」「三」で総称される人々は、任侠精神によって互助関係を持つことで、社会的理不尽と向き合ってきた。その歴史は長い。

そのなかには、仁義によって盃を交わすことで「一家」となって集団形成される人たちもいた。

暴力を背景にして利益追求をおこなう暴力団とヤクザとは、その成り立ちも、その精神も、その社会的貢献度もまったく別モノである。

第二次世界大戦後の混乱期に、貧困した多くのヤクザ者が、目先の利益や粗悪な暴利を求めて、覚醒剤売買や恐喝などの反社会的活動に没頭して暴力団員化していったのは事実である。

そのことによって、ヤクザ集団が暴力団と呼ばれて、法的にも認定されてしまったのはたしかであるが、現状のヤクザ社会においては「暴力団そのものでしかない暴力団」と「ヤクザと暴力団の二足の草鞋状態の者」「ヤクザだが暴力団に所属している者」と分けるのが現実的なのかもしれない。

よって、現代の暴力団を見た場合、そのひとつひとつの行動について、例えば、これは暴力団的であるとか、これはヤクザ的要素が大きいとか、そういったふたつの物差しをもって理解することが、より正確で、好ましいのではないだろうか。

たしかに、その集団が指定暴力団として当局から指定されるのにはそれなりの原因と理由がある。しかし、個人が指定されるのではなく、団体や組織として、その集団が指定されることから、指定暴力団に指定された団体に所属する者のすべてが「暴力を背景にして利益追求をするバリバリの暴力団員」であるとは限らない。

暴対法が施行されてから十数年以上経った今でも地元地域で好評判の親分もいる。そして、そのような任侠精神の塊のような親分の団体でさえも、紛れもなく指定暴力団としての認定を受けている。

暴対法は法律であるため、指定を受けた場合はそれに従うのが常識的である。しかし、すべてを法律で片付けてしまうことに、人間としての危機感を感じる者も多いだろう。

社会的にヤクザが暴力団と同義の扱いを受けるのは、彼ら自身が犯して来た罪の重さを秤にかければ、いささか致しかたない部分も多いが、任侠精神や任侠道までもが、暴力を背景にして利益追求をおこなう暴力団の根本であるとみなされることは、歴史的にも伝統的にも風俗的にも大きな間違いでしかない。

理論的にヤクザと暴力団とでは別の存在であるということがわかったとしても、ヤクザ者自身が暴力団員との二足の草鞋状態になっていることが多いので、どうしても、世間的に「ヤクザ=暴力団」となってしまうのはしょうがないところなのかもしれない。例えば、弁護士でありながら暴力団員でもある、とか、大学教授でありながら暴力団員でもある、というような二足の草鞋状態は、どうあがいても成立しない。

暴力団員が弁護士になってはいけないとか、大学教授になってはいけないという法律はないが、仮にある弁護士が暴力団に所属する現役暴力団員だった場合、やはり、抗争発生時や事務所待機命令時に、裁判所で裁判弁護をしているようでは暴力団員は務まらない。

ある大学教授が暴力団に所属する現役暴力団員だった場合、そのことが発覚した時点で、教育上の問題により、彼は大学教授をすぐに辞めさせられてしまうだろう。

やはり、どこか風来坊ともいえるヤクザ者が暴力団員も兼務するという二足の草鞋のほうが、容易いのである。それだけに、ヤクザと暴力団とでは、共通している部分も多くある。

その代表的な例のひとつに、

『抗争』

がある。

変化していった『抗争』の質と意味

昔から、ヤクザ同士の喧嘩があった。そして、暴力団同士も抗争をする。いってみれば、喧嘩慣れしているというか、喧嘩も活動のひとつであるヤクザ者が暴力団員になっても、喧嘩や抗争という面だけでいえば、やることはほとんど同じである。

古くから続くヤクザの喧嘩の原因は、その時々でさまざまではあるが、代表的な喧嘩の原因は、縄張り争いによる喧嘩である。

しかし、平安時代などには明確な縄張りはなく、いわゆる、神社やお寺の周辺の集落や部落が縄張りとみなされていた。それは地面の面積による領地的発想によるところではなく、賭場を開帳する寺社にやって来る近所の集落や部落のお客さんたちの存在が縄張りであるとみなされていた。特に、非公式の闇賭場については、それが顕著で、領地による縄張り争いというよりは、客の争奪戦といったところが本質的だった。

戦国時代の世では、地面である領地自体の統治者が変わったり、領地のカタチや面積が変わることも多かったので、縄張りは、地面ではなく、客の争奪戦がヤクザ者同士の殺し合いに発展していた。

江戸時代になってから、幕府による各地域の藩政体制の確立や各街道の整備に伴って、ヤクザ社会にも「このあたりは○○一家の息がかかっている」という概念がはじまったとされる。しかし、それは物差しで測ったかのような正確な区分けであったり、まるで領地のような絶対的な縄張りではなく、ここら辺からここら辺ぐらいまではといったようなとてもぼんやりとしたものであった。

幕末や明治になると、山本長五郎のように、居住地であった駿河国有渡部清水（現在の静岡県静岡市清水区）の清水を拝して、清水の次郎長と呼ばれるようになるなど、地名を使った通り名や一家名も登場したことから、現代の縄張り概念である地面による縄張り区分というものが形成されるようになった。

だが、この頃の抗争原因の多くは、縄張り争いよりも「メンツを潰された」とか「約束を破棄された」などといった喧嘩理由が多かった。

ともかく、ヤクザの抗争は、一言で土地を基準にした意味合いの縄張り争いというよりも、実際は、客の奪い合いや、個人的なメンツ争いに明け暮れていた。

いわゆる、土地基準による縄張り争いという抗争は、やはり世のなかに暴力団という言葉が浮上してから定着したものではないだろうか。

暴力団は、彼らが縄張りとみなした地域の飲食店などから「ショバ代」「あいさつ料」「ミカジメ料」「用心棒代」を搾取するというシノギを持っている。そういった特徴があるともいえる。

いつ、どこから、それがはじまったのかは明確ではないが、第二次世界大戦直後の混乱期には関東地方の闇マーケットではすでにショバ代や用心棒代が発生していた。この頃が、ヤクザ社会や暴力団業界における、土地や番地によって定められた縄張りという概念のはじまりであったのではないだろうか。

やがて、日本の高度経済成長に伴って区画整備が全国各地で進められていくと、特に関東の暴力団は、地図を目安に「何番地から何番地までは○○会の縄張り」というふうに住所番地による縄張りを設定していった。そして、ショバ代やミカジメ料を縄張り内から搾取した。

縄張りは、各暴力団ごとに代々受け継がれるものとされ、その領域を犯すと、縄張り争いが発生した。これは関東の暴力団ならではでもあった。

関西から西の地域の暴力団には、いまだに、縄張りという概念はなく、いってみれば、組長の居住地や本部がある場所が「もっとも息のかかったエリア」であり、それ以外の場所については、現実的に「あの辺は○○組の縄張りだ」と地域の人々にいわれても、それは絶対的ではなく、正確には、人間関係のほうを優先させて「たまたまあの辺には○○組にミカジメ料を払っている人たちが多くいる」という解釈のほうが正しい。

関西の某指定暴力団直系組長の自宅前は、その地域でも有名な飲み屋街だったが、縄張りという概念がなかったために、その飲み屋街では他団体にミカジメ料を支払っている店舗が数軒あった。

土地基準の縄張りが絶対であると一方的に思い込んでいるカタギの一般人やVシネマ好きの方たちには絶対に理解できない状況かもしれないが、これが現実であり事実である。

また、関東の暴力団の縄張り意識からすると、組長の自宅前で、他団体がミカジメ料を堂々と搾取するなんて言語道断なのかもしれないが、住所番地による縄張りよりも、人間関係によるつき合いを優先させる関西の暴力団からいえば、それはありえない話ではないのである。

ともかく、抗争については、ヤクザの喧嘩も暴力団抗争も似ているような部分が多いので、ヤクザ者が暴力団員としてやっていくことは、近からず遠からずであり、どちらかといえば慣れた仕事なものかもしれない。

また、ヤクザ集団の構成要員であるならず者たちの犯歴は暴力団の構成要員と重なる点も多く、喧嘩慣れしたならず者たちの集まりという意味合いからいえば、ヤクザ集団が暴力団になることは、さほど難しいことではない。

『名乗り』の重要性

抗争の特徴としてヤクザにも暴力団にも共通していえることは、前出の通り、

殺ったら名乗る、

という『勝ち名乗り』を上げる点である。

抗争の中身はそれぞれ違っていたとしても、抗争終結時には「白黒つける」という意味合いと「テガラを示す」という顕示行為として『名乗る』という共通点がある。

客の争奪戦やメンツによる喧嘩を繰り返していたヤクザにとっては、勝ち名乗りは当然のことであり、また、縄張り争いや利益追求で抗争を繰り返した暴力団にとっても勝ち名乗りは、その後の反社会的活動やそこから得られる収益の大小を大きく左右するので、名乗りを上げることは必須である。暴力団員が暴力団抗争で懲役に行けば勲章であるといわれるのはそのせいである。

また「白黒つける」という意味合いからいっても、名乗らなければ、白黒がつかず、すなわ

ち、それは抗争終結のタイミングが見つからなくなって、いつまでも抗争が続く悪循環を招くことにもなってしまうので、勝ち名乗りを上げることは、ヤクザにとっても暴力団にとっても重要なことである。

しかし、近年では、特に、２０００年代以降は、銃刀法の強化や各法整備の強化によって、ヤクザとしての気質よりも、悪質なマフィア的性格が特化したせいか、抗争で敵対組織の組員を殺害しても、

名乗らない、

という状況が増え始めた。

暴力を背景に利益追求をする暴力団にとっては、とにかく暴利を得ることが何よりも最優先になるので、例えば、名乗ることで抗争終結を明確にすることよりも、長い期間、刑務所に入獄することなく、つまり、名乗らずに、シャバで反社会的な暴利活動を続けていたほうがいいというわけである。

名乗らなければ、なかなか抗争終結とはならないが、仮に、相手を皆殺しにしてしまえば、名乗らなくてもその抗争は終結する。名乗れば、いいところで手打ちにもできたが、名乗らない

のならば、敵を粉砕するしかない。いささか無茶苦茶なやり方である。

これはヤクザの喧嘩ではなく、たんなる暴利追求のためだけの卑劣なマフィア的抗争であるとしかいいようがない。

ある元大物組長は、

「ヤクザの喧嘩といえば、正面から行って、斬って斬られてというもんだ」

と述べた。

どうやらヤクザの喧嘩というものは、はじめから、生き残って、その後に利益を得ようというところまでは考えてはいないようである。

賭場の客の争奪戦は、一見、単なる利益争いのようにも感じられるが、まず前提として、ギャンブルの勝ち負けで金銭の損得が発生してしまう賭場の客の立場を踏まえると、無理やりな負け方を客にさせてすべてを剥ぎ取るようなことをしていては悪評がたつどころか「客を守る」という面でヤクザとしては失格である。

しかし、自分たちの息のかかった客が、ほかの賭場に行けば「日頃のつきあいが薄い」だけに大負けさせられることもある。そして、行ってしまった客に、いまさら戻って来てくれと頼んだところで、嫌だといわれればどうしようもない。

これでは、賭場である神社やお寺に対して申しわけない、となる。ヤクザとしてのメンツがたたない、となる。また、ほかのお客さんたちも安心して賭場で遊んでいられなくなる。そこで「死んで償う」という意味合いもあって、ヤクザは相手の居所に喧嘩をしに行くのである。

生き残ることまでは考えてはいない。死んでもメンツがたてば、それでいいのである。

こういう面では、ヤクザの喧嘩と暴力団抗争は、似て非なるものなのかもしれないが、斬ったり、撃ったり、攫《さら》ったり、という所作としては、両者はとても似ている。

「ヤクザ」と「暴力団」が違うのは、そのルーツの違いと歴史の違いが証明している。しかし、現代では、ヤクザ自身が、暴力団員という二足の草鞋を履いてしまっていることから、ヤクザと暴力団が同義語となってしまっている。

その事実に反論するつもりはない。しかし、そもそもヤクザと暴力団とは別物で、現在でも、ヤクザ修行に精を出している人々がいるということを御理解頂ければ幸いである。

第5部

日本国家と暴力団の行きつく先

神戸山口組組長の逮捕

2017年6月。「知人が契約した携帯電話を使用していた」として神戸山口組・井上邦雄組長が詐欺容疑で兵庫県警暴力団対策課に自ら出頭して逮捕された。

井上組長の知人が携帯電話を機種変更したさい、機種変更した知人名義の2台の携帯電話のうちの1台を井上組長が使用していたことが、その携帯電話の通話記録を調べたことで判明した。そして、それが詐欺容疑に該当するとしての逮捕であった。

暴力団排除条例によって、暴力団の活動や資金源を断つ名目で、携帯電話の契約、不動産契約、銀行口座開設、金融機関のローン契約など、多くの経済活動に規制がかけられている。

携帯電話の契約に禁止制限がつけられているだけで、携帯電話の所持やその使用については制限はない。よって、知人が井上組長に「2台ある自分の携帯電話の1台をちょっと貸していた」だけならさほど問題はないだろう。

機種変更をするさいに、井上組長が使用する携帯電話の名義貸しをしていた場合、それは、契約ができない暴力団員が他人と偽って契約したと解釈され、それが詐欺容疑に該当したようである。

その約10日後の2017年1月に京都で起きた乱闘事件を指揮した疑いで、井上組長は傷害と暴力行為法違反の疑いで再逮捕された。

2017年1月。京都府京都市内にある指定暴力団「六代目会津小鉄会」の本部事務所で暴力団員同士が殴り合う乱闘騒ぎが起きた。

この騒ぎは、同会の六代目引退と新七代目を巡る意見衝突がその主たる原因で、対立した六代目側と新七代目側をそれぞれ神戸山口組の中核組織である四代目山健組（六代目側に）と六代目山口組若頭補佐三代目弘道会（新七代目側に）が加勢しての大乱闘騒ぎとなった。

この乱闘騒ぎでは、すでに加勢した四代目山健組系列組員が傷害と暴力行為法違反容疑（集団的暴行）で当局に逮捕されており、井上組長はその関与が疑われていた。また、同罪容疑で、四代目山健組の中田若頭にも逮捕状が発行された。

井上組長の逮捕については、暴力団業界では、早い段階から「別件逮捕だろう」と見なされていた。

「京都の金融屋の件やろう……」

2013年3月。京都市右京区で貸金業を営む社長が失踪した。この失踪に山健組のメンバーが関与していたとの噂があり、京都府警の捜査担当者らが該当する山健組メンバーを徹底的にマークしていた。

この失踪事件に白黒をつけるために、当局が携帯電話の詐欺容疑で井上四代目山健組組長を逮捕したのではないか？　という憶測が暴力団業界に飛び交った。

「じゃなかったら、あの件かも知れんな」

本書でも紹介した前出のいくつかの事件についても山健組の関与が疑われている節があり、その線も含めて、井上組長が別件逮捕されたのではないだろうか？　という見方が業界の内外に広がった。

真相は、

どれかではなく、おそらくは、そのすべてについてであったのではないだろうか？

逮捕から約1カ月後の2017年7月。井上組長はすべての容疑について処分保留となって釈放された。処分保留に至った理由の詳細を当局は公式発表しなかった。

四代目山健組若頭の出頭

その3日後に、まるで井上組長と入れ替わるかのようにして、京都の騒動で傷害と暴力行為迷惑容疑によって指名手配中だった中田四代目山健組若頭が京都市内の下京署に出頭して逮捕された。

井上組長の釈放後に出頭して逮捕された中田若頭の思惑は未知数だが、取り調べ中に我先に何でもしゃべる暴力団員が当たり前となっている現在の暴力団業界で、親分がシャバに出て来るまで、指名手配をかけられてでも、潜伏を続け、親分の釈放を見届けてから、自ら出頭して逮捕されるヤクザもめずらしい。

もちろん、指名手配に掛かることは、法律違反を重ねているわけで、非常識極まりないありさまだが、井上組長の拘留期間中に、中田若頭が「体を張った」のは事実である。

繰り返すが、その思惑は未知数だが、中田若頭が「最近ではめずらしいぐらいの気骨を持った暴力団幹部」であることに変わりはないだろう。

中田若頭の出頭による逮捕日と同日に、井上組長は兵庫県淡路市内を訪れて神戸山口組の定例会に出席した。

仮に、この日も、中田若頭が、出頭しておらずに、いまだに指名手配中だったとしたら、おそらく、兵庫県淡路市内は当局捜査員らで埋め尽くされており、神戸山口組は定例会を開催できなかったかもしれない。

中田若頭がそこまで予測して、この日を選んで京都の下京署に出頭していたとしたら、中田若頭という人物は、かなりの智将といえるのかもしれない。

井上組長が四代目健竜会会長から四代目山健組組長に昇格継承した当時、四代目健竜会若頭竜心会会長だった中田若頭は、井上組長の跡を継ぐかたちで五代目健竜会会長を継承した。それと同時に、四代目山健組若頭補佐に昇格した。

六代目山口組が分裂する前に、中田若頭は、四代目山健組若頭代行職に就いた（2015年）。そして、分裂後には、中田若頭は、四代目山健組若頭代行五代目健竜会会長を続けながら、神戸山口組の世話役として活躍した。

ヤクザや暴力団員の肩書というものは、例えば「○○会幹部□□一家若中△△組組長」とあったとしたら、読んで字のごとく、自らの所属経路や帰参場所や縁について長々と示している。「どこどこのなになにのこれこれの私である」、というふうなことだ。

だが、人によっては、それがたんなる所属経路を示すだけではなく、実体として、肩書に登場する職務をすべて兼務している場合がある。

中田若頭の場合は、まさにその極みだった。四代目山健組の若頭代行職をやりながら、五代目健竜会の会長職を、さらに健竜会や山健組の上部団体である神戸山口組の世話役もする、というひとり三役の状態であった。

分裂後の混乱期に、ひとりで三役も兼務して活動することは、よほどの手腕が必要とされる。

名跡復活の一環として「西成の恐怖帝王」と呼ばれて恐れられた三島敬一氏（元初代健竜会相談役三島組組長）を自身が会長をしていた五代目健竜会の最高顧問として招いているところも、中田若頭の実力の太さと人望の濃さを物語っている。

その中田若頭が、現在の四代目山健組若頭に就任したさいは、神戸山口組内だけでなく、全国の暴力団業界全体から、

「やっぱり中田だったか」

「井上組長はよく人を見とる」

「保守本流の実力者が出て来たな」

と多くの人々が納得した。

同時期に、四代目山健組副組長だった織田絆誠が絶縁処分にされて、その後間もなく、織田氏を代表格とした任俠団体山口組（現・任俠山口組）が結成されたが、このことについて、中田若頭は、おそらく、まったく相手にしてはいないだろう。

中田若頭という、今時めずらしいくらいの気骨を持った人物が四代目山健組の若頭に就任した。

これでいろいろと安泰だ、とまではまだいえないだろうが、四代目山健組が分裂後の混乱期をかいくぐって地盤整理をしながら着々と組織固めをしていることは間違いない。

司組長の色が強くなっていく六代目山口組

井上邦雄神戸山口組組長の逮捕について、六代目山口組は沈黙していた。系列組員たちも特に何をいうわけでもなかった。

もしも、これが分裂前の六代目山口組だったら、系列組員たちのほとんどが、井上組長について、さげすむ暴言を吐いたり、罵ったり、または、蜘蛛の子を散らしたかのように誰一人として山健組に近づこうとはしなくなってしまっていただろう。

また、分裂直後の混乱期も同じで、これ見よがしに、井上組長に対する罵声罵倒が繰り返されただろう。

現状において、六代目山口組は沈黙した。

系列組員たちの多くも静観していた。

やはり、六代目山口組は大きな組織内変化を果たしたのだろうか。

そして、現在の六代目山口組では、出所ブームが巻き起こっている。

六代目山口組の各直系団体では、主に分裂騒動に起因して、多くの組員たちや直系組長たちが当局に逮捕された。

六代目山口組の中核組織である三代目弘道会は、分裂混乱期の暴力事件での逮捕者だけでなく、かねてから続いていた当局による弘道会壊滅作戦（2010年〜）の影響もあって、その逮捕者数は、総計で数百人単位とも数千人規模にも及ぶといわれている。マスコミを賑わせた事件で逮捕された者もいれば、地元地域で密かに逮捕された者たちも多い。

そして、六代目山口組や三代目弘道会では、3〜5年未満の刑期に服していた者たちを中心とした「出所ブーム」が湧き起こっている。

三代目弘道会では重鎮クラスの出所が相次いでおり、当然のごとく、

「あいつが戻ってくる」

「兄貴が帰ってくる」

「会長が帰ってくる」

とその勢いを増しはじめている。

こういったムショ帰りの勢力が、織田絆誠氏の再統合計画に猛反対したとも目されているが、とにかく、三代目弘道会をはじめとした六代目山口組内では出所ブームが到来している。

暴力団員の出所といえば、以前は、盛大な放免祝いや出所パーティーが執り行われたりもし

たが、暴対法や暴排条例が猛威を振るう現在では、これまでなら常連扱いしてくれた地域のホールや飲食店も「条例がありますからお貸しできません」となって、暴力団は派手な放免祝いのパーティーを自粛せざるをえない環境になっている。路地裏のとある韓国料理店で食事会といった感じで静かに出所者の社会復帰を祝ったケースもあった。

六代目山口組と出所者との関係で、ひとつ懸念されることは、現在の六代目山口組は、髙山若頭色から脱却して司組長色が色濃い団体へと進化しているという組織的性格の変化である。懲役から多数の組員たちが戻って来る。彼らのほとんどは、それまで社会不在だったことが主たる理由で、六代目山口組の進化を体現しておらず、いってみれば、昔の髙山若頭色のままの組員たちである。

懲役ボケや浦島太郎とまではいわないが、各人が入獄する前の六代目山口組の考え方や解釈の仕方を強く持ち続けていたとしたら、せっかく出所して来て組に復帰したとはいえ、いろいろと様変わりした組内の状況に戸惑うばかりではないだろうか。

親分がそういうふうにするのなら、それで構いません、といってはみたところで、本音の部分では、何かが違う、とストレスを感じてしまう組員も多くいるかもしれない。

また、六代目山口組が、任侠道を見直して、司組長の指揮の元、有りし頃の山口組のような雰囲気を持ちはじめた矢先に、髙山若頭色に染まった組員たちが続々と出所して来て合流して来るということは、率直に、六代目山口組の運営において、それは、さらにもう一度、新たなる組織内再構築と再編成を必要とするのではないだろうか。

やっと放免になってよかったな。出所、おめでとう。それだけですむはずの出所ブームのはずが、いわゆる、ムショ帰りという時代に取り残された組員たちの増加が起きたことで頭を悩ませている幹部クラスも多い。

長期間刑務所暮らしの経験がある組長は、どうしても、同じように、長期間刑務所に入っていた組員を贔屓にしてしまう傾向が暴力団業界には根強くある。

長期刑を務めあげた司組長が、同じように長期刑に服した組員たちのことをえこ贔屓にするかどうかまではわからないが、六代目山口組は組織内でやらなければならないことがまだまだ多そうである。

共謀罪と山口組

2017年6月。かねてから国会で審議されていた「改正組織犯罪処罰法案」(テロ等準備罪法案)が可決した。

すべての通信が捜査対象と成り得る通称「共謀罪」については、その通信段階や会話レベルであっても、内容次第では実態がなくとも正式に犯罪として立件されてしまうという法的性格を兼ね備えていることから、すべての国民を犯罪者に仕立て上げてしまう危険性が高いとして、これまでの国会審議では3度も廃案となって来たが、時の安倍政権は共謀罪のことを「テロ等準備罪」とその呼び名を変えて国会審議を行った。

2020年に開催される東京オリンピックまでに、テロ警戒態勢の強化に向けて、国際組織犯罪防止（TOC）条約の締結をするためにも、テロ等準備罪を含んだ改正組織犯罪処罰法の可決と施行が不可欠であるとして、国会投票総数235票のうち、賛成165票、反対70票の結論を以って、本法が成立したのだった。

安倍政権の拠り所である国際組織犯罪防止（TOC）条約の締結が行われると、締約国同士（TOCを締結している国家同士）で「犯罪行為を情報」として「共有」し、犯罪人の引き渡しや捜査共助が活発化する。

本法の対象は「テロリズム集団とその他の組織的犯罪集団」とされ「重大な犯罪を企図した組織的犯罪集団が、役割を分担して犯罪の実行に合意し、犯罪実行に向けて「準備行為」をした場合」で、277の対象行為のなかで該当する犯罪行為にあてはめて適用される。

準備行為とは、主に、「物品の資金の手配」や「関係場所の下見」とされており、その手配やその下見をした場合は「準備行為という犯罪」として処罰される。

また、2人以上の人間が同類の犯罪行為について話し合った時点で、犯罪として成立してしまう可能性もあるという。

そして、犯罪として成立するその前段階で「準備行為をしている疑いのある人々」に対しての捜査も可能とされる。

つまり、これまでのような「実態があった上での犯罪」という概念が大きく覆されて、まだ犯罪行為に至るかどうかもわからない時点で、実際には、単なる会話で終始してしまうような場合でも、時として、その時点で、即逮捕なのである。

対象とされているテロリズム集団とその他の組織的犯罪集団は「テロ集団」「暴力団・組織的詐欺等」をその対象想定としており、一般市民はその対象とならないとされてはいるが「この者、テロ集団と関係があるという疑い」「暴力団と関係があるという疑い」にあてはまる一般市民は、当然に捜査対象に該当するが、何をもってその疑いがあると判断するのか、といったあたりはとてつもなくグレーゾーン化している。

罰則については、現実的には、本法にプラスしてその犯罪行為についてさまざまな刑罰が加算されることになると思われるが、純粋に本法のみに限れば、枠組みとして大きく二種類あり、ひとつは、「死刑又は無期若しくは長期十年を超える懲役若しくは禁錮刑、又は、五年以下の懲役又は禁固」。もうひとつの枠組みは、「四年以上十年以下の懲役又は禁錮刑、又は、二年以下の懲役又は禁錮」である。これはもう完全に軽犯罪とは違う長期刑の部類に相当する罰則内容である。

改正組織犯罪処罰法（テロ等準備罪法）の対象である「組織的犯罪集団」として「暴力団」もその対象になっていることから、六代目山口組では『山口組新報』7月号でテロ等準備罪（通称・共謀罪）についての特集が組まれたりもした。

各系列組員たちは、

「まぁ、いうても、電話の傍受なんかは、違法でも、昔からされとるからな。録音だって非公式にされとるしな。それが、これまでは裁判資料に使えんかったのが、これからは使えるようになったたっちゅうことやわな」

「まぁ、新しい法律ができりゃ、判例作りで、誰か（暴力団員のうちの誰か）が、見せしめみたいな感じで逮捕されるやろうな」

「シャブなんかは、犯罪収益の没収もできるから、これまでみたいに水際でブツがやられるんやのうて、ずっと通信を聴き込んで、それまでずっと泳がしてさ、現金が揃う取引場所なんかに踏み込んでくるようなやり方に変わるかもな」

「親分クラスなんかは、たぶん、もう24時間体制で、通信取られるんとちゃうかな？　でも、名義が別人のケータイだったりしたら、どうするかな？　一応、別人名義の携帯でも本人使用っちゅうことで通信傍受するんかな? 特にテロリストなんか、絶対、自分名義のケータイやらスマホなんか使わんやろう?」

「もう大分前から、ワシらの世界では、ケータイやスマホで大事な話は厳禁やねん。メールもあかん。せやから、いまさら、別に、どうちゅうこともあらへんけどな」

「益々、隠語が増えるな。例えばさ、今から公園で、おじーさん、おばーさんとラジオ体操をやりたいと思います、みたいな、こういう会話が一番危険な会話になるかもな」

「例えば、若いもんがチャカ(拳銃)の隠し場所について、電話で話しとったとするわ。もうそれで一発確定(共謀罪が)やろ。そんなんで、親分まで引っ張られていくわけやろ。もしそんなやったら、親分、月に何回もサツに引っ張られることになるで。ほとんど自宅におれんようになるやろ。今日はあっちの共謀罪で、今日はこっちの共謀罪でって」

「飲酒の席での会話は大目にみられるらしいな。酔った勢いで、安倍ちゃんを殺すっていうてもそれは対象外らしいわ。せやったら、みんな、酒に逃げるかもな。ポケットに入る酒瓶仕込んどいてさ、ヤバいッと思ったら、すぐその酒飲んで、ベロベロになっとったら、後から捕まえにきても、酔うてますねん、でセーフちゃうか?」

「新興宗教系とか、かなり通信取られるやろ。テロっていうたら、ワシらよりあちらさんのほうが得意分野やで」

「某政党もめいっぱい通信傍受されるやろうな」

「サツはなんでもかんでも記録して資料として残すやろ。えらい膨大な資料（共謀罪による通話内容の記録やその資料）になるから、当然、パソコンのなかにしまうわな。で、そのパソコンをハッキングされたら、どないすんねん？」

「テロ集団いうたら、外国人やろ。でも、今ですら、サツは人手が足りんからって、外国人犯罪についてては野放し同然やろ。たまにポツリポツリ帳尻合わせ程度に検挙はしとるみたいやが、現実はまったくや。そんなんで、テロ集団の通信を盗み聞きする役ができる人間がおるんかね？通訳かて必要やろう？　今ですら人手が足りんいうてんのに、仕事の数だけ増やして、サツは大丈夫かいな？」

改正組織犯罪処罰法（テロ等準備罪法）について、実際の暴力団員たちは、一部、不安を隠せないものの、大抵は「前々から同じような環境のまま」を強調し、そして、自分たちのことよりも逆に「当局の人手不足で、せっかく新法ができても、うまく機能できないのではないか」と心配する表情を見せた。

暴力団も、テロ組織については、完全に別組織、完全に別の種類、完全に別の人種である、という認識が強く、テロ集団によるテロ行為を好ましく思ってはいない。むしろ、しないでほしいと考えている。

新法成立による「見せしめ的逮捕」については、

「ヤクザやっとったら、そりゃ、つきもんだわな」

「変なの捕まえて、後でゴチャゴチャされるよりも、とりあえず、ワシらは、捕まれば、面倒くさいこといわずに、ごねもせずに、さっさと刑務所に行くしな。冤罪がどうしたこうしたなんて、冤罪だったとしてもいいわんしな」

と多くの組員たちがため息交じりでそう話した。

外国人犯罪に対する当局の人手不足については、現役の暴力団員たちが指摘する通りではないだろうか。裏社会の生の現場を熟知している彼らならではの意見ではないだろうか。

そんな状況下で、法律の数だけを増やしても、本当の治安維持や正しい国防対策には繋がらないかもしれない。勿論、法整備は必要だが、現場の人手不足をどう解消するかが実際のところのカギになるのではないだろうか。

共謀罪。テロ等準備罪。改正組織犯罪処罰法。国際犯罪防止条約の締結材料として国会で可決された新法。それは、いわゆるハッタリという、抑止や牽制以上に「本当にテロを潰す」という行政サイドの実力行使がともなっていなければ意味がないように思われる。しかし、この新法は、国会可決当初から、もしかしたら、現場的にはまだ機能力の乏しい法律なのかもしれない。

おわりに

六代目山口組が分裂し、神戸山口組の設立と同時に、ふたつの山口組ができた。両者は、多少の小競り合いを繰り返しながらも、その衝突は本抗争にまでは至らなかった。

しかし、当局は、全国各地で多発する暴力事件の件数を見て、六代目山口組と神戸山口組が「敵対抗争中」であると認定した。

多くの組員たちが逮捕され、また「切り崩し」と呼ばれる組員勧誘による移籍行為が六代目山口組と神戸山口組との間で続いた。

そうしたなか、両者の衝突は、各地で、死者を出すほどの熾烈さを増すようにもなった。全面激突にまでは至らなかったものの、当局が認定した通り「敵対抗争中」の文字が色濃く浮かび上がってきたかのようであった。

「山口組はどうなるのか？」

そういった声がカタギ社会からもよく聞こえてくるようにもなった。

六代目山口組は組織内変革に努め、分裂以前とは違う色味を持った団体へと変わっている。

神戸山口組は「分裂のカリスマ」と呼ばれた織田誠絆を絶縁処分にしたことで、その中核組織である四代目山健組から離脱者が発生して、その結果、任侠山口組という新団体が結成された。

「山口組はどうなるのか？」

以前から続くその言葉がより一層大きな声で聞こえてくるようにもなった。

世間の大半は、どちらかといえば、映画や物語を観たり読んだりするかのような感覚で、山口組の行く末に興味を示している。

山口組というところは、他団体に比べると、比較的、自由な気質と雰囲気がある団体だった。

後に山口組の最高幹部となったある人物は、若い頃、ヤクザになりたくて、方々の団体を訪ね歩いて入門を願ったが、どこからも断られた。彼は荒っぽいことが不得意な、ヒョロヒョロとした細身の体型をした読書青年だった。一見、誰が見てもヤクザには見えなかった。そんな彼が辿り着いたのが山口組だった。あちこちの組で入門を断られた彼を受け入れたのは山口組だった。それから数十年後、彼は山口組の最高幹部となった。

酔った客にからまれたホステスの妹を助けに行った兄は、その酔っ払いが暴力団員であることを知り、仕返しを恐れて、「組の者には手は出せん。でもな……」といって、店内の椅子をバキに破壊した。それを見ていた山口組系の組長が「うちに来い。うちならやりたいことができるぞ」と彼のことを山口組に引き入れた。彼は山口組系列の某団体の大幹部となった。

家族と一緒にうどん屋でうどんを食べていた山口組系列のある幹部は、食事が済んで、うどん屋から出た瞬間に、家族の目前で、銃刀法違反で当局の捜査員に逮捕された。彼が、その時、目前にいた子供にいった言葉は「元気でな」だった。そして、子供は「お父ちゃんもな」だった。

今となっては、100年以上の歴史を持つ山口組。いろんな意味で、その年月のなかで生まれ育った人間も多い。昨今の六代目山口組の分裂騒動や三つの山口組のことをまるで映画やドラマの一部始終のように見ている人も多いが、現実は、それ以上に、おもしろくもあり、そして、それ以上に、つらくて、残酷でもある。

ある組長は、

「ヤクザみたいなもんが、世間の注目を浴びるようなことをしたらあかん。テレビに出たり、雑誌にでて物いうたり、そういうのはヤクザのすることとは違う」

と述べた。

彼は、山口組の分裂騒動のなかで、しっかりと、その重職をまっとうして、すべてを、物静かに、見据えている。

そして、菱の代紋を掲げる男たちは、

ヤクザとは何か？

任侠道とは何か？

山口組とは何か？

を今も問い続けている。

そして、また、ここに、

山口組はひとつでなければならない

と記す。

（完）

ヤクザはヤクザらしく。
カタギはカタギらしく。
人は人らしく。

藤原良

ブックデザイン　長久雅行
編　集　株式会社小野プロダクション

藤原良（ふじわら・りょう）

週刊誌や月刊誌等でマンガ原作・アウトロー記事を多数執筆。
万物斉同の精神で取材や執筆にあたり、主にアウトロー分野のライターとして定評がある。近著に『菱の血判』（サイゾー）など。

三つの山口組　「見えない抗争」のメカニズム

2017年10月5日　第1刷発行

著　者　藤原良

発行人　岡聡
発行所　株式会社太田出版
〒160-8571
東京都新宿区愛住町22　第3山田ビル4F
電話03（3359）6262
振替00120-6-162166
ホームページhttp://www.ohtabooks.com/

印刷・製本　中央精版印刷株式会社

ISBN978-4-7783-1598-6 C0036